彩图版

凭什么相信科学

主编 曹外香

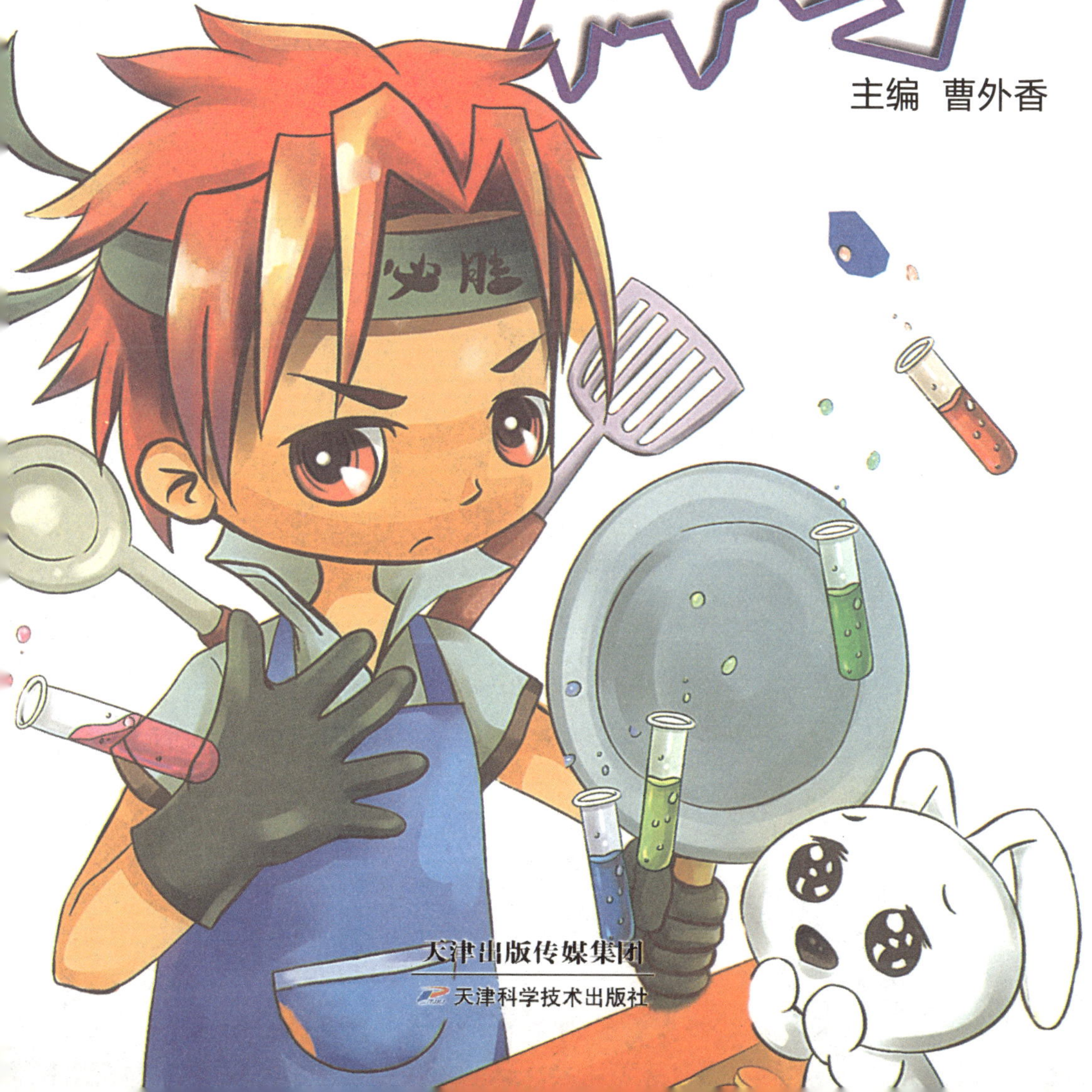

天津出版传媒集团

天津科学技术出版社

人的一生很漫长，但最关键的只有那么几步，中学阶段正是你成长的重要时期。作为一个中学生的你是什么样子的？你是不是喜欢嬉戏玩耍而害怕受拘束和禁锢？你是不是喜欢自己动手实验，而不喜欢埋首于枯燥的课本当中？你是不是喜欢天马行空的想象，而不喜欢大人给的条条框框？

是的，你一定是这样的学生。你一定像爱迪生一样爱思考；你一定像达尔文那样充满想象力；像司马光那样聪明机智；拥有毕加索那样的艺术天赋……其实，每一个学生都是天才，只是，在成长的过程中，这些才能没有被激发出来而已。

《凭什么相信科学》是一本通往神秘的科学世界的指南，为你提供了一个求知和探索的平台。全书图文并茂，揭示了为什么两本杂志交叠在一起后却怎么也拉不开，为什么装满水的杯子放入很多回形针后水不会流出来，如何自制小喷泉等，帮助你轻松地了解和掌握很多科学知识。同学们，快打开本书，开启你的科学之旅吧！

目录

CHAPTER 2 变幻莫测的声光电磁

CHAPTER 1

无处不在的力与热

铅笔插入装满水的塑料袋中，却滴水不漏；
乒乓球可以悬浮在半空中；
合在一起的杂志无论用多大力也拉不开……
这些有趣的现象背后都蕴藏着科学道理，
自己动手实验吧。

Michael Jackson

淘乐斯变身公仔

NO. 1

拉不开的杂志

虽然没有用胶水粘起来，两本杂志却紧密地粘合在一起。

❶ 准备两本尺寸和页数都差不多的杂志，将两本杂志每隔两三页互相交叉叠在一起。

❷ 试着将杂志沿水平方向拉开。可不管用多大力气，你就是拉不开。

原来如此！

　　大气压力会使纸和纸紧贴在一起。纸和纸之间还有摩擦力，虽然每两张纸之间的摩擦力并不大，但整本杂志的纸张之间所产生的摩擦力却很大。

NO. 2

铁钉变"银"钉

点石成金的梦想让古今中外的许多炼金术师忙得不亦乐乎，我们也不妨做一个点铁成"银"的小实验。

① 用钳子夹住一枚铁钉，将它放在烛火上加热。

② 当铁钉变成漆黑色时，稍事冷却，随后将它放入装有水的玻璃杯中。这时，你会发现铁钉被烧黑的部分都覆盖上了一层银色的外衣。

原来如此！

蜡烛燃烧时，有蜡油没有完全燃烧，变成碳蒸气向上升起，碳蒸气就是我们平时所看到的灰，它会附着在铁钉表面上。当铁钉被放置在水中时，灰就会吸附水中的空气形成空气薄膜，这层薄膜在水中发出银色的光亮。这样一看，铁钉就变成了"银"钉。

NO. 3

筷子提米

一根筷子就可以吊起满满的一瓶大米，想知道是怎么回事吗？动手试试吧。

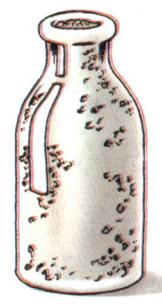

3 提起筷子，会发现它不但不会被抽出，还能把装满了米的瓶子一起吊起来（请在瓶子下方垫块毛巾，以防止瓶子掉落摔碎）。

1 选择一个瓶口较窄的玻璃瓶，在其中装满米。

2 将一根筷子插入瓶子底部，同时把瓶口处的米用力压一压。

原来如此！

由于米在瓶内被挤压的很紧，筷子便和米粒产生了很大的摩擦力。按照上述操作，筷子不但不会被抽出，还能把装了米的瓶子一起吊起来。

无处不在的
作用力和反作用力

　　用力捶几下桌子，就会听到桌子发出咚咚响声，但同时你的手也会感到疼。在这种情况下，是人对桌子施加了力的作用，但同时，桌子对人也施加了力的反作用，使人受到伤害，可见，两个物体间力的作用是相互的。力总是成对出现，并且是同时出现。如甲物体对乙物体有力的作用，那么乙物体对甲物体也一定有力的作用，这就是作用力与反作用力。

　　值得我们注意的有两点：一是作用力和反作用力总是大小相等、方向相反、在同一直线上，同时存在，同时消失，但是作用力和反作用力分别作用在两个不同的物体上，所以是不可能相互抵消的；二是作用力和反作用力属于同一性质的力，如果一个

力是弹力，另一个力也必定是弹力。两者没有本质的区别，也不能说哪个力是起因，哪个力是结果，两个力中的任何一个都可以被看成是作用力，另一个力相对来说就成了反作用力。

那么，当A物体对B物体施加力的作用时，A就是施力物，B就是受力物。根据定义，当A物体对B物体施加力的作用时,A同时也会受到B对它的作用力，这时候B是施力物，A是受力物。如果我们把A对B 的力叫做作用力，那么B对A的力就叫做反作用力。反过来，如果我们把B对A的力叫做作用力，则A对B 的力就叫做反作用力。

作用力与反作用力在生活、生产和科学技术工作中应用非常广泛。人能够游泳，轮船的螺旋桨和气垫船的工作都与作用力和反作用力原理有关。发射探测仪、人造卫星、宇宙飞船的火箭，在燃料被点燃后喷出高温高压的气体，在喷出气体的同时给它一个反作用力，推动火箭前进。

NO. 4

可乐瓶里的龙卷风

可乐瓶里也能刮出强劲的旋风，并压迫瓶中水流更快流出。

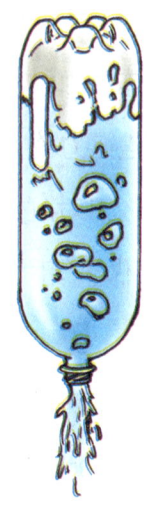

① 将两升左右的大可乐瓶装满水后垂直竖立，让水流出，并记录时间。

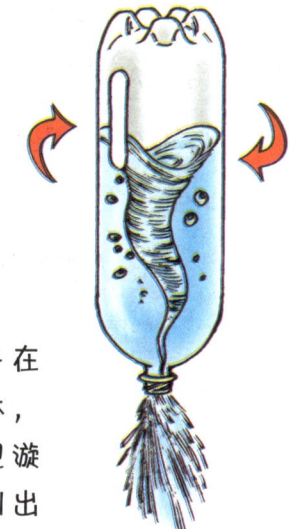

② 再次注满水，并在倒竖后不停旋转瓶体，这时，瓶中将会出现漩涡，水一下子就都倒出来了。

　　水在重力的作用下往下方涌去，当旋转瓶子时，水流顺着旋转方向形成漩涡，观察可知，水柱的中心为一个空洞，此时瓶体外侧的气压大于瓶内的气压，于是空气就从瓶口涌入，并达到水面上方，在这些空气的挤压下，水就会更快地流出来，看起来就像是瓶中刮起了龙卷风一般。

龙卷风

　　龙卷风也被称为旋风，是所有风中最具破坏性的，其最大风速可达300米/秒。是一种强烈的、小范围的空气涡旋，是在极不稳定的天气状况下由两股空气强烈相向对流运动，相互摩擦形成的空气漩涡。它上部是一块乌黑或浓灰的积雨云，下部是下垂着的形如大象鼻子的漏斗状云柱。

　　由于漏斗云内气压很低，具有很强的吮吸作用，当漏斗云伸到陆地表面时，可把大量沙尘等吸到空中，形成尘柱，称陆龙卷；当它伸到海面时，能吸起高大水柱，称海龙卷。海龙卷一般较陆龙卷弱，水平范围也比陆龙卷小。历史上有关下银币雨、青蛙雨、黄豆雨等的记载，都是龙卷风将地面或水中的物体吸上天空，带到远处随雨降落所致。

　　龙卷风的直径约几米至几百米，平均为250米。移动距

离一般为几百米至几千米，个别可达几十千米以上。龙卷风的中心气压极低，一般比同高度四周低几十百帕，据估计，强龙卷风中心附近的地面气压可低达 400百帕以下，极端情况可低达 200百帕。由于中心气压低，中心附近的气压梯度极大，因此风速和上升速度都很大。据估计，龙卷风中心附近的风速一般约为每秒几十至一百米，最大上升速度可达每秒几十米甚至上百米。龙卷风的旋转方向在北半球一般都是气旋式(逆时针)的，但也有少数呈反气旋式（顺时针）的。尽管人们早就知道龙卷风生成在很强的热力不稳定的大气之中，但对其生成的物理机制，至今仍没有确切的了解。根据天气资料的分析，龙卷风出现在一个尺度为几十千米左右的龙卷气旋之中。此龙卷气旋可延伸到相当高的高空，在地面龙卷出现之前半小时就已存在。探测发现，龙卷气旋常出现在强烈冷锋和飑线附近以及强风暴中，在台风外围的强烈不稳定区中有时也能见到。在龙卷气旋中，往往有几个尺度比它小的涡旋，称为龙卷涡旋，其中存在一个或几个可见的龙卷漏斗，在一个可见的龙卷漏斗中，还可存在一些更小的吸管涡旋，龙卷风造成的灾害就是由这种吸管涡旋造成的。

NO.5

被压扁的易拉罐

易拉罐被加热之后，用冷水冷却，不但会发出巨大的声音，易拉罐还会被挤扁。

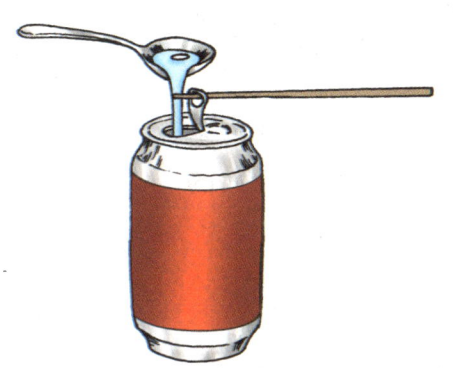

① 在空易拉罐里加入一大勺水，然后在拉环处插入一根筷子固定好，做成把手。

② 握住把手把易拉罐放在燃气灶或者酒精灯上加热20秒，此时易拉罐中的水就差不多沸腾了，会喷出很烫的热气。

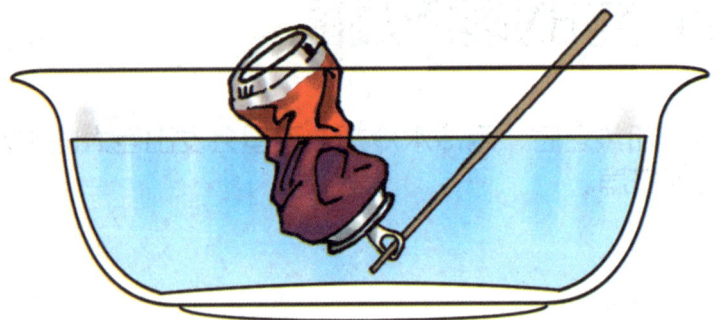

3 把易拉罐口朝下放到事先准备好的冷水里，易拉罐会放出巨大的"啪啪"声，同时慢慢变扁。

注意 水在加热时会冒出很热的蒸汽，千万不要被它烫到。加热后的易拉罐也很烫，不要用手直接触摸。

当易拉罐被加热时，罐内的水变成水蒸气，并将瓶中的空气挤出。此时，把易拉罐倒扣入水中，罐体内的水蒸气遇冷而凝结成水珠，体积大大缩小，罐内处于一种接近真空的状态。在大气压的压迫下，瓶罐就会慢慢变扁。

NO.6

吃蛋的牛奶瓶

把白煮蛋放在玻璃瓶口上，不用你动手，蛋就被吸进瓶子里了。

1 往一个装牛奶用的空玻璃瓶里注入热水，摇一摇。

2 把热水倒掉。（小心不要被烫伤。）

③ 将剥了壳的白煮蛋（请选个头较小的鸡蛋，煮半熟），放在玻璃瓶的瓶口。

④ 过一会儿，白煮蛋就被自动吸进瓶子里去了。

原来如此！

热水的水蒸气，把玻璃瓶里的空气排了出去。放上白煮蛋后，蛋会与瓶口严密地闭合起来。这个密闭的瓶子冷却后（为了加速冷却可以把瓶子浸泡在冷水中），水蒸气就会凝结成水，于是瓶内的气压下降，白煮蛋就被瓶外的大气压力压进瓶子里了。

NO. 7

会游泳的牙签

你只需在一根牙签尾部抹上一些洗发水，它便能在水中自由穿行。

① 在牙签的尾部涂上一些洗发水。（肥皂、沐浴露也可以）

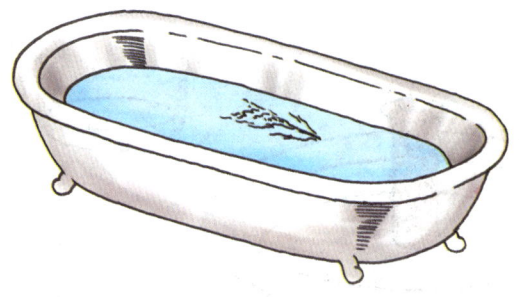

② 将牙签轻轻地放到水面上，它就会朝着头部前进。

原来如此！

　　洗发水中含有表面活性剂，这类物质不但能够清除污渍，还能减弱水的表面张力。因此，牙签放在水面后，涂了洗发液的那端附近水面的表面张力减弱，牙签自然就会被前方水面较强的表面张力牵引而前行。

　　需要注意的是，在完成了一次航行之后，水面便已经铺上了一层洗发水的薄膜，整个水域的表面张力都减弱了。若想继续玩这个游戏，不妨把水搅一搅，让薄膜溶解于水中，小小"独木舟"就可以再次起航了。

NO. 8

吸水蜡烛

盘子里的水，一转眼就被吸到杯子里去了。

① 准备一个浅浅的盘子和一
个玻璃杯，把蜡烛固定在盘
子中央。

② 在盘中注满水，
点燃蜡烛。

3 用杯子罩住蜡烛，在蜡烛熄灭的瞬间，盘子中的水就会被吸到杯子里去。（在水中滴入一滴墨水可以让实验效果更加显著）

蜡烛燃烧会使杯子里的空气变热，热空气膨胀就会溢出杯外。接着，杯中的氧气用尽，蜡烛熄灭，之后杯内空气冷却，气压下降。同时，燃烧所产生的二氧化碳溶于水，也会使杯中的气压下降。于是，杯外的气压高于杯内，水便被压入了杯中。

NO. 9

泾渭分明的水

在装满盐水的杯子上，倒扣一杯酱油水。你会发现二者泾渭分明，互不"侵犯"。

1 准备2个相同的玻璃杯，灌满水后分别调制一杯浓盐水和加了几滴酱油的酱油水。

3 慢慢地抽出纸片，下面的盐水和上面的酱油水泾渭分明，互不"侵犯"。

2 在盛酱油水的杯子上盖上纸片，反扣在盛盐水的杯子上。（最后在杯子下面放上托盘，以防水流出。）

原来如此！

浓盐水的密度比酱油水大，因此，两杯水只在表面部分有所接触，不会混在一起。但是，如果把两杯水的位置颠倒——盐水在上，酱油水在下——盐水就会往下流，最后就会变成两杯颜色一致的混合水。

做完实验后，不妨放置一个晚上看看，会发现第二天结果依然如此。

NO. 10

"气"功断筷

用报纸盖住一次性筷子，然后用硬物敲击，报纸不会往上翻，筷子已经被切断了。

① 把一根干燥的一次性筷子放在桌子上，上面盖上报纸，让筷子的1/3露在桌外。

② 用力紧压报纸，让它和筷子之间没有缝隙，呈密合状态。

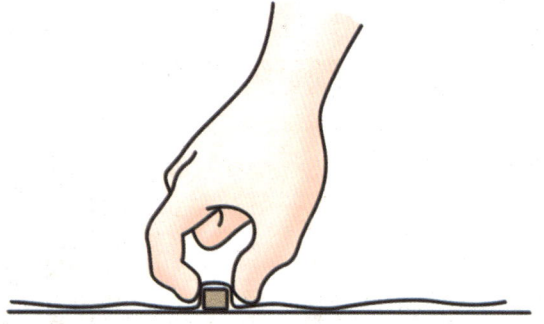

3 用硬物迅速敲击筷子露出的部分，报纸一动未动，筷子已经应声而断。

注意 本试验成功的关键就是让报纸紧紧地贴住筷子，中间不要留下空隙。

原来如此！

　　这是压在报纸上的大气压力所引起的现象。当报纸和筷子之间完全密合时，空气就无法进入，筷子就被很大的力量压制住了。猛然敲击筷子，其外露的部分就会折断。

　　如果只是轻轻地用手指往下压一压筷子，报纸就会被轻易地抬起来。这是因为报纸和筷子之间进入了空气，大气压力的影响也就消失了。

显示大气压巨大威力的马德堡半球实验

在17世纪时，德国有一个热爱科学的市长，名叫盖里克。他是个博学多才的军人，从小就喜欢听伽利略的故事；爱好读书，爱好科学；他曾在莱比锡、亥姆什塔特、耶拿、莱顿等大学学习法律、数学、城市建筑工程等。他的知识面很广，上知天文，下识地理。1646年，他当选为马德堡市市长。无论在军旅中，还是在市府内，他都没停止科学探索。

当时，很多人都不相信大气压的存在，为了让大众信服这个正确的理论，盖里克决定亲自做一个实验。他和助手做成两个铜制半球，并请来一大队人马，在市郊做起"大型实验"。

这天，美丽的马德堡市风和日丽，晴空万里，十分爽朗，一大批人围在实验场上，

熙熙攘攘十分热闹。

盖里克和助手当众把这个黄铜的半球壳中间垫上用松节油蜡浸过的皮环；再把两个半球壳灌满水后合在一起；然后把水全部抽出，使球内形成真空；最后，把气嘴上的龙头拧紧封闭。这时，周围的大气把两个半球紧紧地压在一起。盖里克一挥手，八个马夫牵来十六匹高头大马，盖里克决定先派上八匹马，在球的两边各拴四匹。盖里克一声令下，四个马夫扬鞭催马、背道而拉！好像在"拔河"似的。

"加油！加油！"实验场上黑压压的人群一边整齐地喊着，一边打着拍子。四个马夫，八匹大马，都累得浑身是汗。但是，铜球仍是原封不动。盖里克只好摇摇手暂停一下。

稍事休息后，盖里克决定把十六匹马全部派上阵，看，实验场上真是热闹非凡。十六匹大马，使劲抗拉，八个马夫在一旁大声吆喝，挥鞭催马。围观的人群，更是伸长脖子，瞪大眼睛，生怕错过一个细节。

突然，"啪！"的一声巨响，铜球分开成原来的两半，盖里克举起这两个重重的半球自豪地向大家高声宣告：

"先生们！女士们！市民们！你们该相信了吧！大气压是存在的，并且它的威力大得惊人！"

NO. 11

① 取一个玻璃杯，装上半杯水。

② 往杯子中倒入半杯油，油和水会很自然地分成上下两层。

③ 把冰块放进杯子里，它会浮在水和油的交界处，就像在太空漫步一样。

冰的密度大于油而小于水，因此，它便会沉在油底而浮于水面。

NO.12

悬浮着的蛋

通常情况下，水里的鸡蛋是会沉底的，但这颗鸡蛋却可以浮在水里。

① 准备一个大杯子，倒入半杯水，加盐并搅拌，一直加到无论怎么搅拌，都无法溶化剩下的盐为止。

② 另外准备一小杯清水，顺着杯壁慢慢地倒进大杯子里，让清水在盐水之上。

③ 轻轻地往大杯子里放进一颗鸡蛋，鸡蛋会浮在水中央，不会上下浮动。

原来如此！

杯子里的水分为两层，下层是饱和的食盐水，上层则是普通的水。鸡蛋虽然会沉入水中，但却可以浮在盐水之上。所以，就出现了鸡蛋静止在水中央的现象。

NO. 13

会走钢丝的硬币

小小的一枚硬币却是一个玩平衡木的大师，且看一元硬币如何"静卧"在纸片之上。

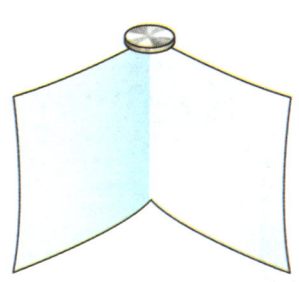

① 将一张崭新的A4纸对折，角度保持在接近直角的位置，放一枚一元硬币在其上。

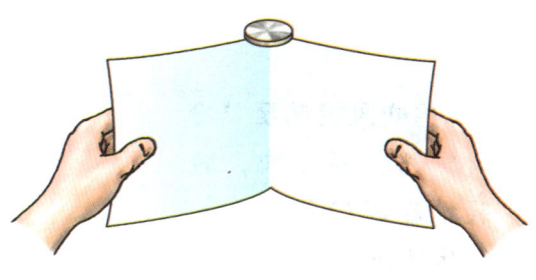

② 小心地捏住纸张两端，慢慢地往两边拉开。

③ 在拉动纸张时，硬币会稍稍晃动，但不会掉落，当纸张被拉成直线时，硬币依然安躺在纸上。

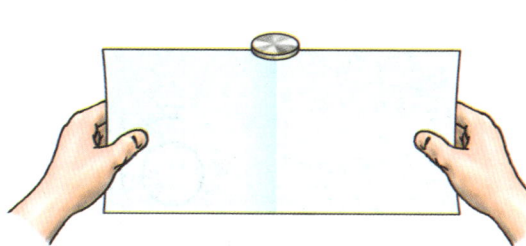

原来如此

纸张渐渐被拉开的过程中，会和硬币之间产生摩擦，硬币的重心随之移动，以保持平衡。当纸张被拉成直线时，硬币的重心也刚好落在这条直线上，自然不会掉落。

做这个实验时，要注意拉扯纸张的力度，慢慢地、轻轻地往两边拉，多试几次，你一定可以成功。

NO. 14

乒乓球太空漫步

吹风机的出风口向上吹冷风，在风口处放一个乒乓球，球会上下左右激烈地跳动，却不会掉下来。

1 将吹风机调至"冷风"档，向上吹，轻轻地在风口处放上一个乒乓球。

2 这时候，乒乓球会在空中一个固定的范围内上下左右激烈地跳动，但绝对不会落下来。

3 改变吹风机的风向，乒乓球也会随着风向转移，但是不再左右摆动。

原来如此！

　　吹风机的风会不断将乒乓球往上推，但因为球自身有一定的重量，它会上下跳动，至于左右摆动，则是由于通过乒乓球旁边的气流速度不稳定而形成的。也就是说，空气流速度较快的地方，气压较小，而流速较慢的地方气压较大，于是乒乓球就左右摆动起来。

　　当吹风机斜吹时，乒乓球之所以不会掉落也不会左右摆动，是由于风的推力，使各方面的力量保持在了一个平衡的状态中。只要有耐心多多实验乒乓球摆放的位置以及吹风机的角度，你一定能成功。

NO. 15

漂浮的皮带

只用指尖撑着皮带和笔帽，它们却不会掉下来！

1 选一条较轻较细的皮带，在它的1/2处用笔帽夹住。

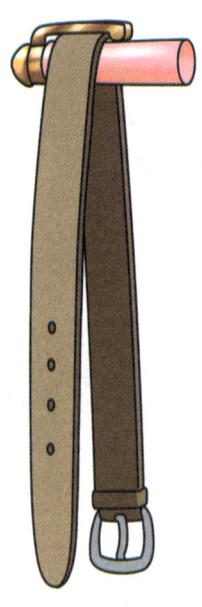

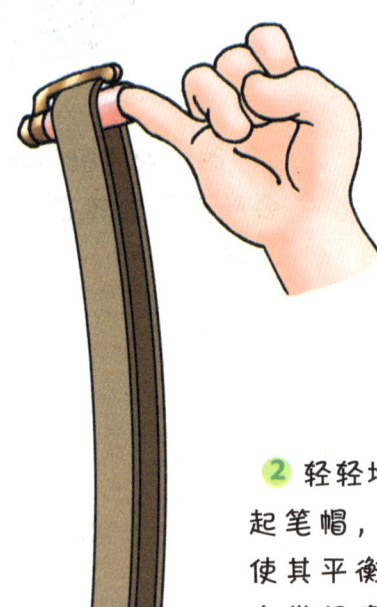

2 轻轻地用手指抬起笔帽，慢慢调整使其平衡，看起来皮带好像悬浮在空中一样。

原来如此！

在整体处于平衡状态时，位于指尖的支撑点与皮带和笔帽的重心落在同一条重垂线上，所以不会掉落。

NO. 16

把硬币吹进碗里

多多尝试，调整吹气的力度，硬币便会随你心意飞入碗中。

1 在桌上放一个比较浅的碗，然后在距碗约20厘米远的地方，放一枚1分硬币。

2 对着碗，在硬币上方沿着与桌面平行的方向用力吹气。

3 虽然只是在硬币上方吹气，但硬币却像会跳舞一般，飞进碗里。

原来如此！

　　这是根据"伯努利定理"设计的游戏。当你在硬币上方吹气时，硬币上方的气流会变得较快，因而气压下降。硬币于是就被下面的空气压力抬了起来（但是，如果硬币是湿的，就容易与桌面闭合，硬币下面没有空气就无法做这个实验了）。之后，随着你吹出来的气流，硬币就飞进了碗里。

NO. 17

大风吹不翻名片

名片又轻又薄，但你就是吹不翻。

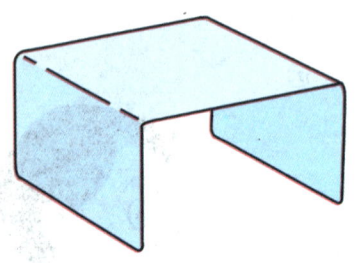

① 把名片折成像订书钉的样子（也就是"冂"的形状），放在桌子上。

② 近距离对着下方的开口吹气，不管你怎么用力，名片就像被粘在桌子上一样无法翻动。

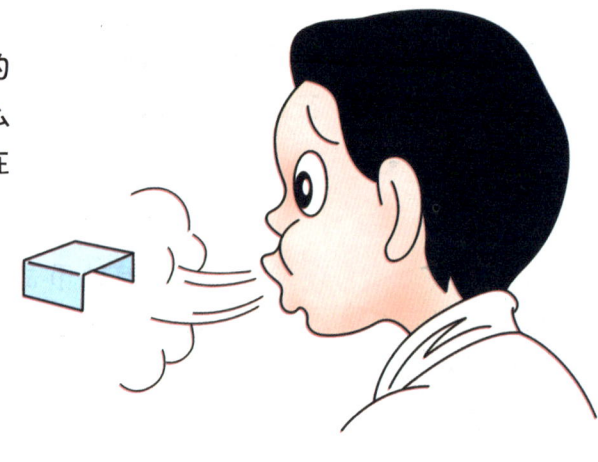

原来如此！

气流速度越快，气压就越低（伯努利定理）。名片下方的气压降低了，名片外围的大气压力就会将它紧紧地压住，因此就无法吹翻它了。

NO. 18

吹口气让纸张互相吸引

用力吹气时，东西通常会顺着吹气的方向往远处飞去。但在这个实验中，越用力吹气，两张纸反而靠得越近。

1 将两张纸平行拿在手上，相距10厘米左右。

2 用力向两张纸之间吹气，这两张纸不仅不会相互排斥，反而相互吸引。

原来如此！

根据伯努利定理，空气流速快的地方气压较小。用力向两张纸之间吹气时，此处的气压下降，纸张在外侧的大气压力的作用下，就会相互靠近。

伯努利原理

丹尼尔·伯努利在1726年提出了"伯努利原理"。这是在流体力学的连续介质理论方程建立之前,水力学所采用的基本原理,其实质是流体的机械能守恒。即:动能+重力势能+压力势能=常数。其最为著名的推论为:等高流动时,流速大,压力就小。

丹尼尔·伯努利在1726年首先提出时的内容就是:在水流或气流里,如果速度小,压强就大,如果速度大,压强就小。

应用举例1:

飞机为什么能够飞上天?因为机翼受到向上的升力。飞机飞行时机翼周围空气的流线分布是指机翼横截面的形状上下不对称,机翼上方的流线密,流速大,下方的流线疏,流速小。由伯努利方程可知,机翼上方的

压强小，下方的压强大。这样就产生了作用在机翼上方的升力。

应用举例2：

喷雾器是利用流速大、压强小的原理制成的。让空气从小孔迅速流出，小孔附近的压强小，容器里液面上的空气压强大，液体就沿小孔下边的细管升上来，从细管的上口流出后，受空气流的冲击，被喷成雾状。

应用举例3：

球类比赛中的"旋转球"具有很大的威力。旋转球和不转球的飞行轨迹不同，是因为球的周围空气流动情况不同造成的。不转球水平向左运动时周围空气的流线。球的上方和下方流线对称，流速相同，上下不产生压强差。现在考虑球的旋转，转动轴通过球心且垂直于纸面，球逆时针旋转。球旋转时会带动周围的空气跟着它一起旋转，至使球的下方空气的流速增大，上方的流速减小，球下方的流速大，压强小，上方的流速小，压强大。跟不转球相比，旋转球因为旋转而受到向下的力，飞行轨迹要向下弯曲。

NO. 19

塑料袋一捅就破，可是装上水后，插入铅笔也能滴水不漏。

① 取一个塑料袋，装满水，用手抓紧袋口。

② 用削尖的铅笔用力刺穿塑料袋，发现水并不会外漏，甚至再插几支也是如此。

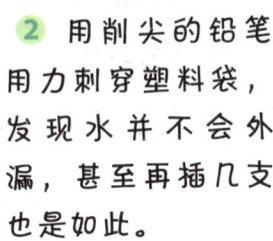

原来如此！

塑料袋是人工合成的高分子化合物，有遇热收缩的特性。当铅笔很快地刺穿塑料袋时，摩擦产生的热量会让分子彼此牵引而紧缩，塑料袋也就会紧紧地贴在铅笔杆上，所以水就不会漏出来。

NO. 20

吸管喷雾器

将长吸管和短吸管摆成直角，从长吸管的一端吹气，便能吹出好看的水雾。

① 倒一杯果汁，然后用剪刀将一根吸管按 1：2 的比例剪开。

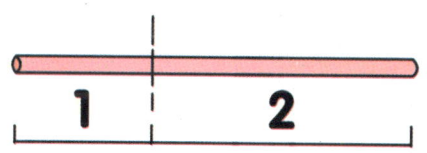

② 把果汁平放在桌面上，将短吸管插进果汁中，长吸管与短吸管摆成直角。

3 用力在长吸管一端吹气，就可以看到它的前端出现了水雾。

原来如此！

这个实验运用了"伯努利原理"，简言之就是：气流流速快的地方，气压会下降。

从长吸管吹气时，短吸管上方的空气流速加快，同时，此处的气压也下降。于是吸管上方的气压与瓶中果汁所受的大气压这一对平衡的力被打破，果汁表面的大气压力就把短吸管周围的果汁往吸管里吸，直到喷出吸管。喷出来的果汁又被长吸管吹出来的气流吹散，就形成了水雾。

NO. 21

水不会溢出

当我们进入装满水的浴缸洗澡时，浴缸里的水会溢出来，这些水的体积刚好与我们身体浸入水中的体积相同。但是你可以不断往装满水的杯中放入回形针，水完全不会溢出来哦。

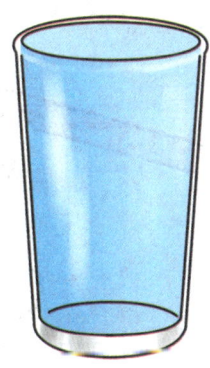

❶ 往杯中装满水，然后将回形针一个一个放入。

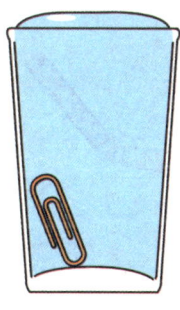

❷ 第10个、第20个……不断放入回形针，水仍然不会溢出。

　　将回形针放入水中时，水面本该因为回形针占用了体积而上升。但由于水的表面张力，所以，只会看到水面像山一样隆起，但水并不会溢出。水的表面张力很大，即使放入许多回形针，水面也只是隆起而已。

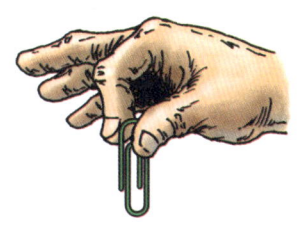

NO.22

吸管线圈团团转

对着吸管用力吹气，里面的线会转出漂亮的圆圈。

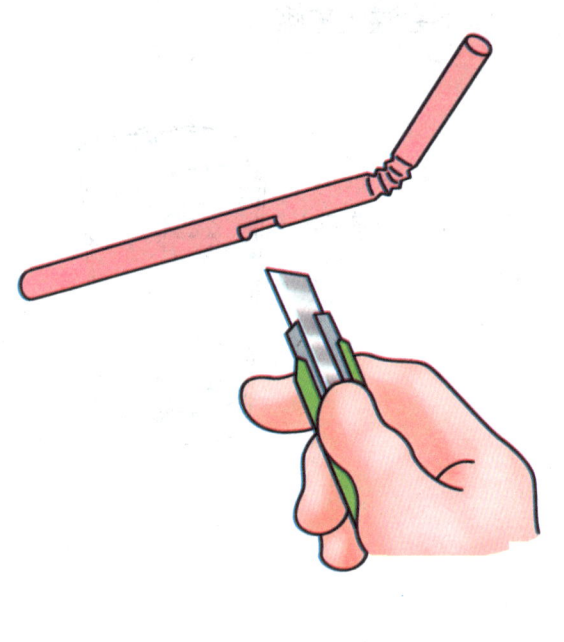

❶ 用手工刀在吸管中央切一个小小的四方形口。

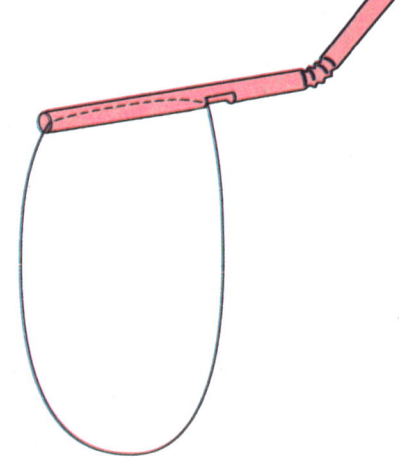

❷ 把一根1米左右的线穿过洞口，并从吸管的尾端穿出，然后结成线圈。

❸ 对着吸管口用力吹气，线圈会转出漂亮的圆圈。你可以把线的各段涂上不同的颜色，这样在旋转时会更加漂亮。

原来如此！

对着吸管用力吹气，让强劲的气流灌进吸管内，这时，吸管内的气压下降（伯努利定理），吸管外的大气压力于是通过吸管上的四方形小洞，牵引着很轻的线通过吸管往前转。只要气流连续吹过，线就会转出美丽的圈圈。

NO. 23

一纸当关滴水不漏

用一张纸片就可以挡住满满的一杯水，动手试一试吧。

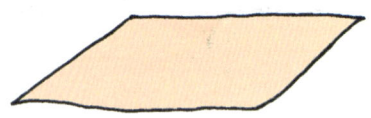

① 在一个玻璃杯中装满水，随后盖一张比杯口略大的白纸。

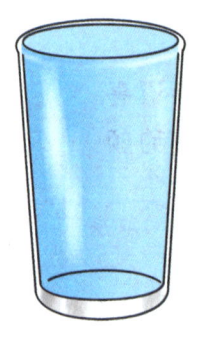

② 先用手轻压着纸，随后将杯子慢慢翻转至倒竖状态，松开纸，你会发现杯子中的水滴水不漏。

原来如此！

液体的表面都是有张力的。在这个实验中，水的表面张力使杯子和纸完全闭合起来。此时，杯里水对纸片的压力小于杯外的大气压力，因此，大气压力就帮纸片托住了水。

NO. 24

回形针智慧之轮

回形针沿着"轨道"快速运动，最后竟神奇地别在了一起。

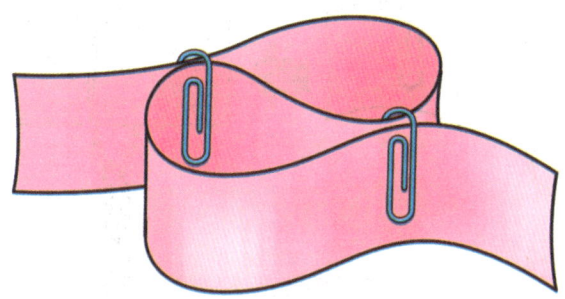

1 先将纸张裁成3厘米宽的纸带（也可以直接用一次性筷子的纸套）。然后把它弯成⊆形，并在如图所示的两个地方用回形针固定。

2 快速拉动纸带的两端，两个回形针会别在一起飞出去。

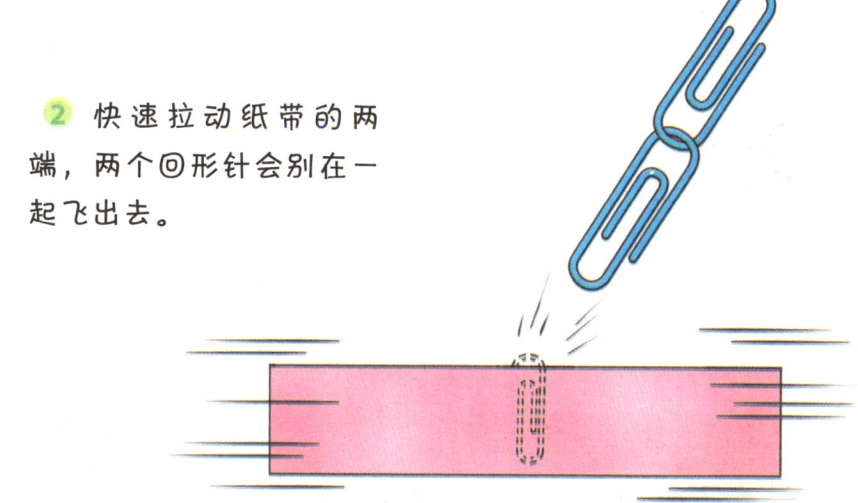

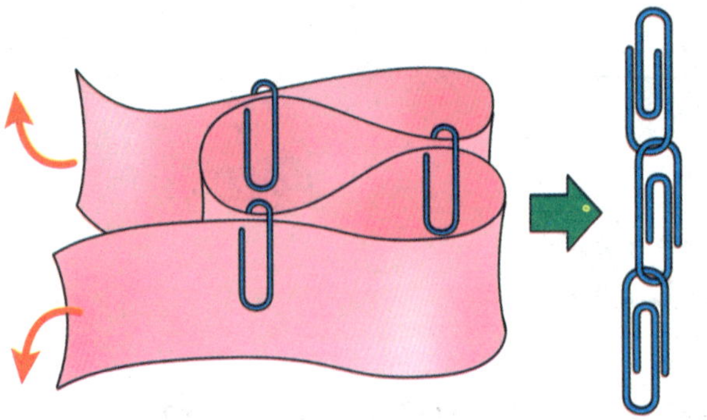

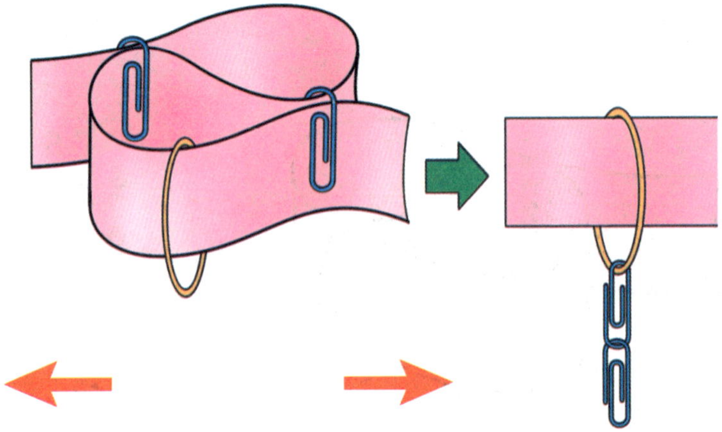

試一试 对照上图，如果用3个回形针，或者是加上一条橡皮筋，再试试看，游戏会变得更有趣哦！

原来如此！

轻轻拉动纸带两端，两个回形针会随之滑到一起。这时，回形针还别在纸上。如果再拉住纸带两端用力一扯，纸带产生的剧烈振动会使原本别紧的回形针在一瞬间张开微小的缝隙，这两个已经滑到一起的回形针就会顺势别在一起，并且借助纸带振动产生的弹力向外飞出去。

NO. 25

干燥的水

把手指伸入装满水的杯中，手指却滴水不沾。

1 在水杯中装入大半杯水，然后将磨得很细的胡椒粉撒进杯中，直到盖住整个水面。

2 慢慢地将手指伸进水里再重新拔出，完全是干的。

原来如此！

伸进手指，击破水面的膜，手指才会浸湿。撒在水面的胡椒粉强化了这层膜，使水分子聚合在一起。此时，杯中的水就像是一个气球，受到外力挤压时，它就会收缩，只有外力大到足以击破水膜，手指才会变湿。

NO. 26

拉不开的毛巾

没有打牢牢的结，也没有缝在一起，但两条小毛巾就是拉不开。

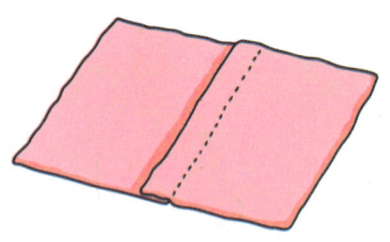

1 将两条小毛巾在桌上摊开，边缘处相互重叠约2厘米。

2 把重叠的部分折成手风琴一般的褶皱，然后捏住褶皱处。

3 这时让你的同学或者爸爸妈妈过来拉开毛巾，虽然你只用了一只手，但他们却怎么也拉不开。

原来如此！

两条小毛巾的重叠处折成了像手风琴一样的褶皱，虽然只用一只手捏住，却已压住了所有的接触点，因此摩擦力大幅增加。

NO. 27

纸杯瞬间失重

垂挂在纸杯外的橡皮擦，会在杯子往下落的时候，掉入杯中。

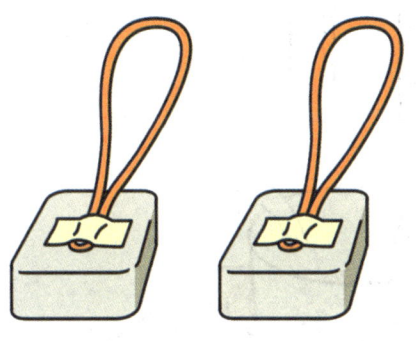

① 准备两块大橡皮，分别用透明胶固定在比纸杯略短的两个橡皮筋上。

② 把两根橡皮筋的另一端，用透明胶粘在杯底，拉伸橡皮筋，使橡皮垂挂在杯外。

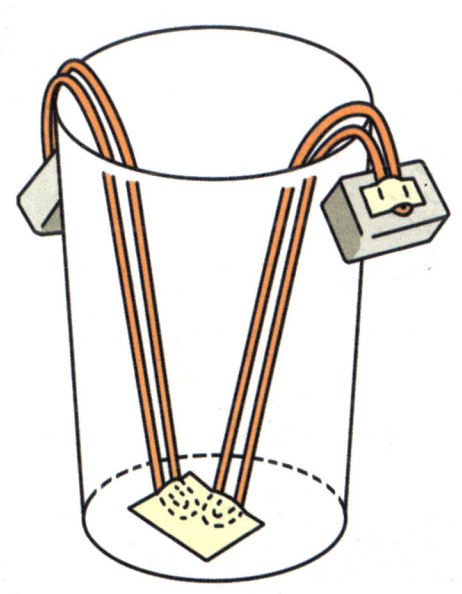

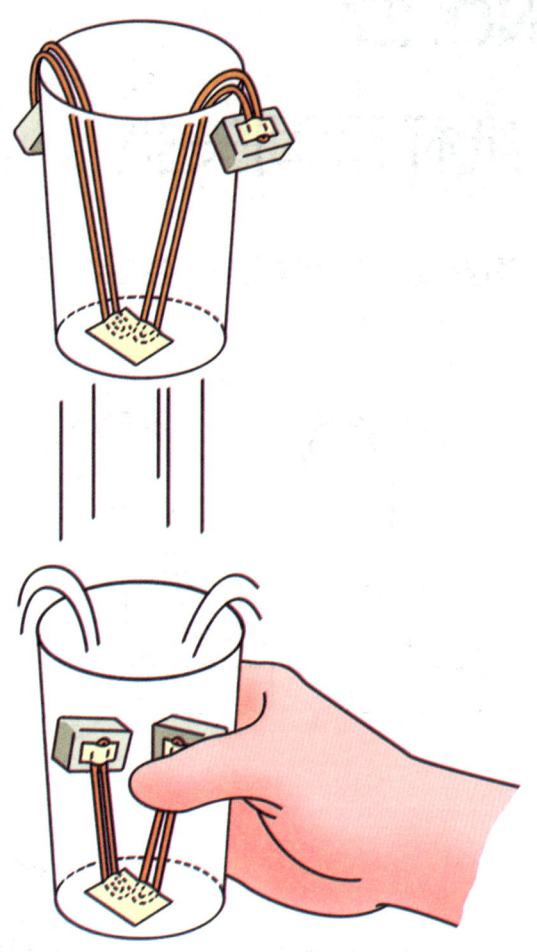

3 把纸杯举高后松手，然后快速接住，这时橡皮擦已落入杯中。

在杯子掉落之前，橡皮擦垂挂在杯外，其重量与橡皮筋拉扯它的力量平衡。当杯子呈自由落体下落时，就处于失重状态，其速度会在重力的作用下越来越快，橡皮筋也会随着杯子落下而越来越长，其拉力也随之增大超过橡皮擦的重力，于是橡皮擦就被拉进了杯中。这里还验证了另外一条有趣的物理学原理：橡皮筋拉得越长它的弹性势能就越大，为了恢复原状产生的拉力也越大。

NO. 28

气垫汽车

这种汽车奇妙无比，它在气垫上行驶。

1 拿一个一次性饭盒和一个纸杯。将纸杯的底部剪掉，并在一次性饭盒的底面上画一个和杯底大小一样的圆圈。

2 将圆圈剪开，然后把杯子插入饭盒中的空洞。

❸ 抓紧时间再做一辆吧，然后用嘴往纸杯中吹气，汽车就会向前行驶了，和你的朋友比赛一下吧。

原来如此！

向纸杯中吹气时，空气灌入饭盒。当空气从内部给予饭盒的压力超过饭盒的重量时，饭盒就会浮起，在饭盒底部则形成气垫，由于我们是从后方向前吹气，汽车就在推力的作用下向前行驶了。

CHAPTER 2

变幻莫测的声光电磁

声光电磁似乎都是无形无体的，
它们究竟是由什么构成的，
它们又有哪些特质呢？
光线可以随着水流转弯，
用西红柿就能做个电池，
不信？自己动手做做看吧！

Iron Man

淘乐斯变身公仔

NO. 29

火眼金晴

一般人无法从外面看到信封里面的字，而你却能透视。

1 让同学用签字笔在白纸上写下几个字。

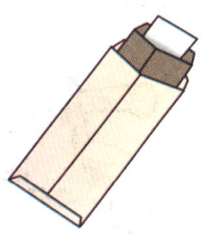

2 把信放进淡褐色的信封封好，然后再套一个白色信封。

3 把挂历纸卷成10厘米左右的长筒，用它紧贴着信封看，就可以看到里面的字了。

原来如此！

只有当光线从背面透过信封和信封内的纸时，我们才能看到里面的字。但是照在信封正面又反射入我们眼睛的光，比从信封背面透过来的光要强烈的多，所以我们就看不见信封里的字。反之，用卷筒挡住照在信封正面的光时，从背面透过的光就变得强烈，我们也就能看到信封内的字了。

NO. 30

水流会转弯

让水龙头流出细细的一股水，当吸管靠近时，水流便会向吸管方向弯曲。

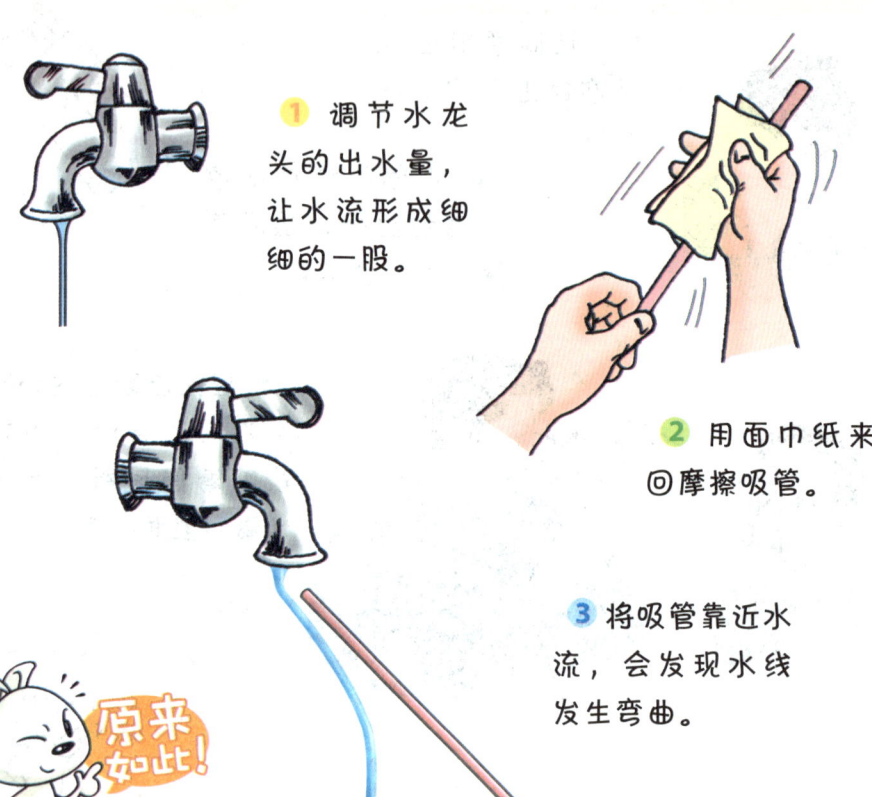

1 调节水龙头的出水量，让水流形成细细的一股。

2 用面巾纸来回摩擦吸管。

3 将吸管靠近水流，会发现水线发生弯曲。

原来如此！

电荷周围存在着电场，它对处于其中的电荷有力的作用。与面巾纸摩擦后，吸管上会聚集大量的负电荷。当吸管靠近水流时，它所带的负电荷的电场会对水流中的自由电荷产生趋向吸管的静电力，水流就会突然往吸管的方向弯曲了。

NO. 31

水里的光线会拐弯

光线也可以顺着流水的下落变成一道抛物线吗？快来做做这个神奇的实验吧。

小孔 ➡

① 在一个大可乐瓶底部5厘米处挖一个小孔。用手指捂住小孔，将瓶中装满水，再盖上瓶盖，这样水就不会流出来。

② 准备好手电筒，并关掉室内的电灯。随后，用手遮住手电筒的部分光源，让光束变得细长。

③ 打开瓶盖，水会从小洞里流出。接着，把手电筒放置于瓶体之后并与之垂直，这时，光会随水一起流出，水流也成为光线流，落地处在黑暗中显得十分明亮。

原来如此！

手电筒的光以垂直于可乐瓶壁的角度通过瓶中的水时，不能发生光的折射，而又全部被反射回水中，形成了全反射现象。光线在水中不断进行着全反射，最后就呈流水状了。

NO. 32

会穿墙的玻璃球

瓶口被硬币堵住了，可是小玻璃球仿佛会穿墙术一般，依然坠入了瓶中。

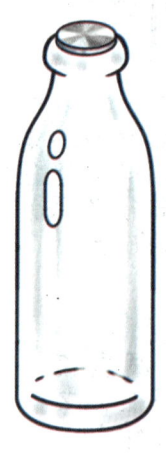

① 准备一个玻璃瓶和玻璃球，在瓶口放置一枚大小合适的硬币。

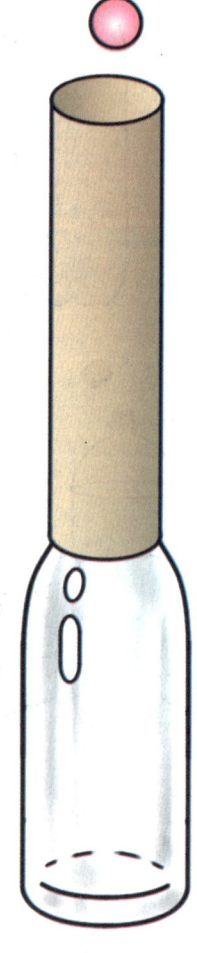

② 把一张A4纸卷成纸筒并用胶带粘合，按图中所示套在瓶口，随后，从纸筒顶端放入玻璃球。

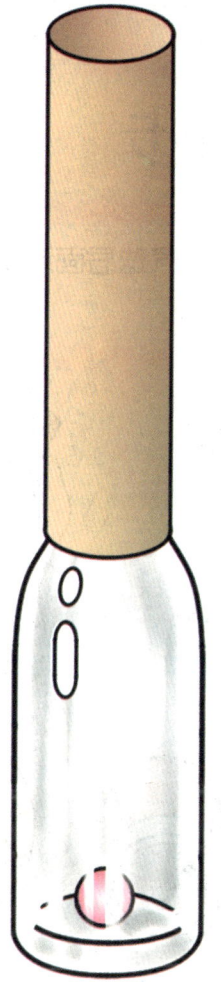

3 虽然瓶口盖着硬币，玻璃球却像变魔术一样，直接穿过硬币，落入瓶中。

原来如此！

玻璃球和硬币相撞时，它们都会弹起来再落下去。这时硬币与瓶口间会出现空隙，如果玻璃球刚好进入空隙，就会顺利地落入瓶中，硬币则再落回瓶口。把纸筒尽量做得长一些，让小球可以从更高的位置下落，这样玻璃球与硬币的碰撞力度将加大，提高实验的成功率。

NO. 33

易拉罐散步

易拉罐会紧紧地跟在气球后面滚动。

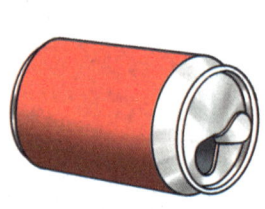

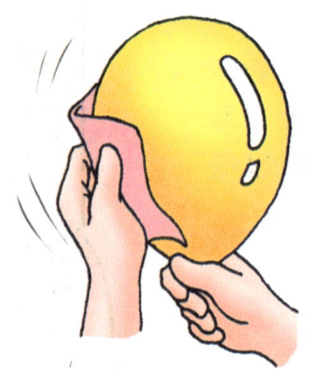

2 把气球吹起来，用线绑住，然后用面巾纸在气球表面来回摩擦。

1 把空的易拉罐平放在地面上。

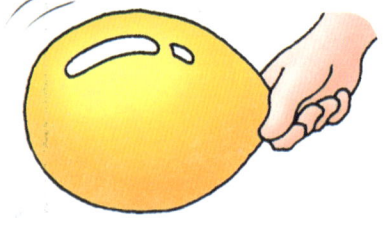

3 让气球靠近易拉罐，此时，易拉罐会紧紧地跟在气球后面滚动。

原来如此！

　　气球用面巾纸摩擦后，带上了大量的负电荷。易拉罐由金属制成，是一种导体。当带有大量负电荷的气球靠近不带电的易拉罐时，就会出现静电感应现象。易拉罐上靠近气球的部分会带上正电荷，正电荷与气球的负电荷相互吸引，自然就会出现易拉罐跟着气球跑的情形了。

摩擦生电

摩擦起电过程实质是电子的转移过程，在摩擦的过程中，对外层电子束缚能力强的物体会从另外的物体得到电子，那么这个物体就会有多余的电子，从而使其带上负电，而另一个物体因失去了电子而带正电。

任何两个物体摩擦，都可以起电。18世纪中期，美国科学家富兰克林经过分析和研究，认为有两种性质不同的电，叫做正电和负电。物体因摩擦而带的电，不是正电就是负电。比如用丝绸摩擦过的玻璃棒所带的电是正电；与毛皮摩擦过的橡胶棒带的电为负电。

近代科学告诉我们：任何物体都是由原子构成的，而原子由带正电的原子核和带负电的电子所组成，电子绕着原子核运动。在通常情况下，原子核带的正电荷

数跟核外电子带的负电荷数相

等，原子不显电性，所以整个物体是中性的。

原子核里正电荷数量很难改变，而核外电子却能摆脱原子核的束缚，转移到另一物体上，从而使核外电子带的负电荷数目改变。当物体失去电子时，它的电子带的负电荷总数比原子核的正电荷少，就显示出带正电；相反，本来是中性的物体，当得到电子时，它就显示出带负电。

两个物体互相摩擦时，其中必定有一个物体失去一些电子，另一个物体得到多余的电子。如用玻璃棒跟丝绸摩擦，玻璃棒的一些电子转移到丝绸上，玻璃棒因失去电子而带正电，丝绸因得到电子而带等量的负电。用橡胶棒跟毛皮摩擦，毛皮的一些电子转移到橡胶棒上，毛皮带正电，橡胶棒带着等量的负电。

NO. 34

易拉罐冒火花

看来日常准备几个易拉罐是很有用处的，它是我们做实验的常用工具，这次我要和它碰出点火花。

① 在空易拉罐顶端用胶带粘上一根吸管做把手，以免直接接触到易拉罐。

② 在易拉罐上包一圈保鲜膜，拿起吸管让易拉罐悬空，随后揭掉保鲜膜。

③ 这时，用一根手指接近易拉罐（不是接触），易拉罐和手指间就会迸出火花，还会有一点点触电般的麻麻的感觉。

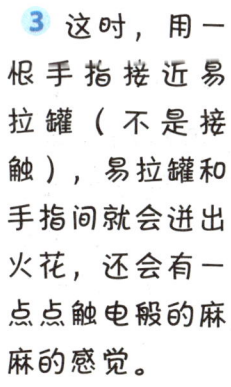

揭下保鲜膜时，由于摩擦，会使易拉罐积累起大量电荷。易拉罐和人体都是导体，当二者接近时，就产生了放电作用，使得两个导体之间的空气被击穿而出现火花。

在干燥的冬天以及黑暗的环境下实验效果会更加明显。

NO. 35

点不着的纸杯

纸是典型的易燃品，但只要纸杯里装了水，不论离火多近，纸杯都不会烧着。

1 用两根竹签穿过纸杯的上半部分，做成把手。

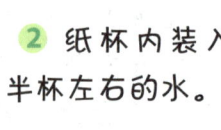

2 纸杯内装入半杯左右的水。

3 打开燃气灶，调到中火。握住纸杯的把手，将纸杯直接置于火上。这时，你会发现，杯子虽然是纸做的，却完全不会被点燃。

原来如此！

单位质量的某种物质温度升高1℃所吸收的热量称为"比热"。水的比热很高，它会不断吸收天然气燃烧所散发出的热量。纸的着火点在100℃以上，而水的温度几乎不可能超过100℃，因此，只要杯子里有水，纸杯就不可能着火。

NO. 36

喷雾彩虹

背对着太阳，用喷壶喷出水雾，就可以看到美丽的彩虹了！

1 晴天时，背对着太阳站立，用喷壶喷出水雾。

2 水雾所到之处可以看到漂亮的彩虹！

原来如此！

　　水雾是由许多微小的球形水滴集聚而成的。太阳光（平行光线）进入水滴内的光线会经过折射、反射、再折射，才被我们看到。水对光的折射率因光的波长不同而异，各色光被小水滴折射出的方向也就各不相同，因而会析出红、橙、黄、绿、蓝、靛、紫7种颜色，也就是一般所称的彩虹。紫色光的折射角度比红色光小，由于色光在小水滴内被反射，我们看到的光谱是倒过来的，所以红色光在上，渐次往紫色光变化。

NO. 37

果汁结冰

一瓶很普通的果汁，打开盖子……怎么回事？果汁竟然一下子结冰了！

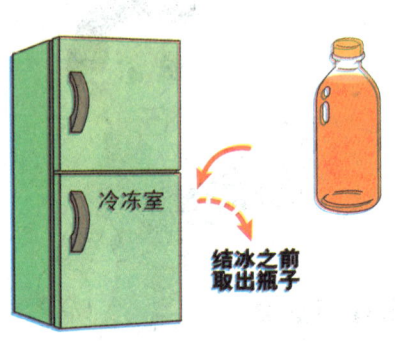

结冰之前取出瓶子

① 准备一瓶100毫升~120毫升的果汁，放入冰箱的冷冻室1小时左右，在果汁快要结冰时取出。（冰箱的功率不同，液体结冰所需的时间也不同。）

原来如此！

② 让孩子与瓶子保持一定的距离，并让孩子确认瓶中的确是液体。然后，轻轻打开瓶盖，瓶中的液体会突然结冰。

这是液体的过冷却现象。液体的凝固需要一定的固体颗粒作为凝结核。不饱和液体经过降温就会达到饱和，且析出溶质从而凝固。但如果液体中没有凝结核或没有受到扰动，就会出现过饱和现象。当温度继续下降到低于凝固点时，液体仍不能凝固，就形成了过冷却现象。通常水在0℃以下却不会结冰，即使水温降到-10℃也不会结冰。但这种冰冷的液体在受到扰动后，就会立刻从上到下结冰。

NO. 38

蜡烛火焰的方向

拿着蜡烛走路时，火焰通常会向后飘。在这个实验中，火焰却往前飘。

① 点燃一支较短的蜡烛，放入一个有一定深度的透明容器中。

② 拿起容器向前走，蜡烛的火焰就会向前飘。（小心火焰。）

火焰飘动的方向之所以向前而不是向后，是因为这支蜡烛是放在有一定深度的容器中的，当人向前走时，由于惯性，容器中保持静止的气体撞在容器的内壁上从而产生一股向前的气流，又由于蜡烛燃烧时容器下部的空气温度较高，因此密度变小，当容器上方密度较大的空气向后流动时，下面密度较小的气体在反作用之下也会产生向前的气流，于是就使得火焰向前飘了。

NO. 39

宣传单的呐喊

将宣传单折起来，用嘴吹，就可以发出惊人的声音。

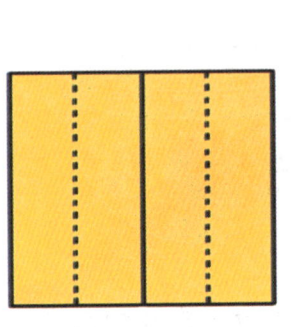 

① 把超市发放的宣传单剪成20厘米长、15厘米宽的长方形纸片，将长边对折再对折，这就折成了4个部分。

② 使中间的两部分凸起，与外侧的那两部分呈90度，将外侧的那两部分拼成一个水平面。在凸起部分剪出一个如图大小的洞，用食指和中指将做好的宣传单折页夹起来。

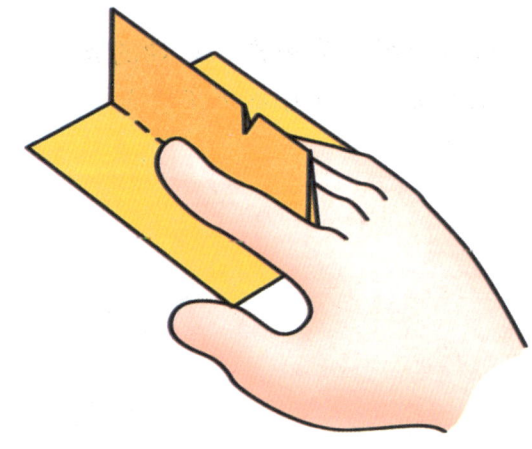

③ 用嘴对着纸上的洞用力吹气，就会
发出巨大的响声。

注意 纸张在振动时发出的声音往往很刺耳，
同学们千万不要在上课时做这种恶作剧哦。

用力往洞里吹气，两张纸之间就会产生风而抖动起来。这种抖动
会引起空气的振动，于是就发出了巨大的声音。

NO. 40

月亮跟着人跑

这实在是一个司空见惯的现象，以至于爸爸三十年来都不以为意，但对孩子来说，却是不可思议的新发现。

① 无论白天还是黑夜，只要可以从火车或汽车的车窗看到月亮，就可以开始做这个游戏了。在孩子面前，爸爸向天空念咒语："月亮啊，请跟着我走！"

② 于是孩子会看见车窗外的树木和电线杆不断远去，但月亮一直跟着自己跑。

原来如此！

为什么月亮会一直跟着人跑？这是因为月亮距离地球38万千米，使得来自月亮的光几乎都是平行光线。全国的人在同一个时间内，几乎都可以看成在同一个位置上遥望月亮。即使火车或汽车走了一段距离，比起地球与月亮之间的距离，简直可以忽略不计。因为月亮相对于我们仿佛一直处于相同的位置，我们当然就觉得月亮在跟着跑了。

NO. 41

电流与磁场

只要有电流，就能产生磁场，在日常生活中，我们往往注意不到这一点。不妨用简单的实验体会一下生活中不易看到的电流和磁场的关系。

① 用磁铁在回形针上往相同的方向摩擦20次，并用线将回形针吊起。（回形针会沿着地球磁力线，朝向南北方向。）

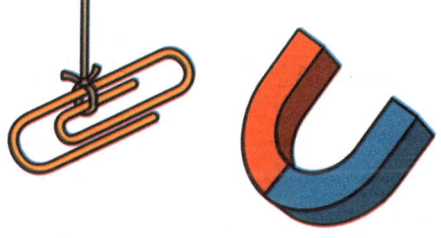

② 把铝箔纸卷成细条，做成一条导线，将其两端与干电池的两极相连，形成一条电路，将这条电路的导线中心靠近回形针。

3 回形针会剧烈摆动。

注意 通电时间不要持续过长，因为此时电路处于"短路"状态，长时间保持短路可能会烧坏电池。

原来如此！

这个实验利用了电流产生磁场的原理。这是奥斯特在19世纪初发现的。电流流入铝箔导线时，就在其周围形成了以导线为圆心的同心圆状磁场。回形针做成的磁针就在磁场的作用下摆动起来了。

生物发电机
——电鳐

1989年，在法国科学城举办了一次饶有趣味的"时钟"回顾展览，一座用带电鱼放出的电来驱动的时钟，引起了人们极大的兴趣。这种带电鱼放电十分有规律，电流的方向一分钟变换一次，因而被人称为"天然报时钟"。常见的带电鱼有电鳗、电鳐、电鲇等。其中"电力"最强的要算电鳐了。它发电的电位低者8～17伏，高者达220伏，足够麻痹一个成人，把附近的鱼电死更是绰绰有余。据计算，1万条电鳐的电能聚集在一起，足够使1列电力机车运行几分钟。

世界上有好多种电鳐，其发电能力各不相同。非洲电鳐一次发电的电压在220伏左右，中等大小的电鳐一

次发电的电压在70～80伏，像较小的南美电鳗一次只能发出37伏电压。由于电鳗会发电，人们叫它做活的发电机、活电池、电鱼等。电鳗每秒钟能放电50次，但连续放电后，电流逐渐减弱，10～15秒钟后完全消失，休息一会后又能重新恢复放电能力。

电鳗的放电特性启发人们发明和创造了能贮存电的电池。人们日常生活中所用的干电池，在正负极间的糊状填充物，就是受电鳗发电器里的胶状物启发而改进的。

早在古希腊和罗马时代，医生们常常把病人放到电鳗身上，或者让病人去碰一下正在池中放电的电鳗，利用电鳗放电来治疗风湿症和癫痫症等病。就是到了今天，在法国和意大利沿海，还可能看到一些患有风湿病的老年人，正在退潮后的海滩上寻找电鳗，当做自己的"医生"呢。

NO. 42

磁铁浮在半空中

即使我们知道磁铁同极相斥的特性，但看到一块磁铁悬浮在另一块磁铁上方时，大部分人还是会十分惊讶。

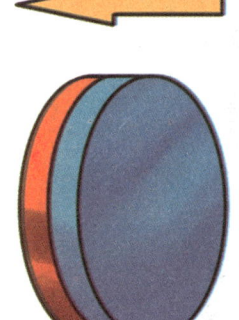

🟠 找两块磁性较强的磁铁，使同极的两个面相对，这时两者相斥。

🟢 在这两块磁铁可以产生排斥作用的距离内，将适当粗细的铅笔或橡皮擦夹在磁铁之间，然后用透明胶带固定。

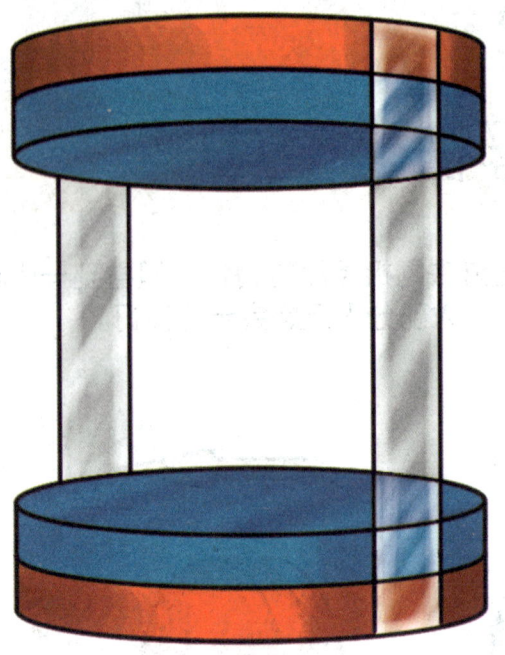

3 将磁铁放在桌上，抽出其中的铅笔或橡皮擦，就可以看到上面的磁铁浮在半空中。

原来如此！

磁铁悬浮在空中，是因为磁铁具有同极相斥的特性。因为透明胶带阻止了磁铁的移动，否则磁铁就会跳开，或者翻转过来吸在一起。

NO. 43

铁砂整齐排列

去沙滩玩时别忘了带个吸铁石,你会搜集到很多铁砂的。

❶ 拿一块磁铁,套上一个塑料袋,伸入沙子里。

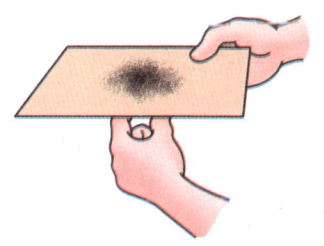

❷ 很快,就会有铁砂吸附在袋子外侧。在袋子下面放一张纸,取出磁铁,铁砂就会掉到纸上。重复这个过程,可以收集到不少铁砂。

❸ 将铁砂倒在白色的垫板上,拿一块圆形磁铁放在垫板下面,就可以发现铁砂排成了圆形。

原来如此!

铁砂排成的圆形其实是磁铁磁力线的轨迹。因为铁砂的主要成分是铁,能够被磁铁吸引,所以它会沿着磁铁磁力线的方向排列。

知识链接

指南针

　　指南针是中国古代四大发明之一。利用磁铁在地球磁场中的南北指极性而制成的一种指向仪器，有多种形体。战国时期，已发现磁石吸铁的现象，并用天然磁石制造"司南之勺"，"其柄指南"。此后，经过长时期的实践，发现人工磁化的方法，造成更高一级的磁性指向仪器。宋代科学家沈括首先记载了地磁偏角，说用天然磁石摩擦钢针，使之磁化成为磁针，可以指南，而常微偏东，并介绍了四种支挂磁针的方法：一是浮于水面，二是放在指甲上，三是放在碗沿上，四是线缕悬挂。宋军中配备指南鱼，是将薄铁叶剪

成鱼形而磁化，用于阴天和黑夜判断

行军方向。后来又发展成磁针和方位盘连成一体

的罗经盘，即罗盘。

一块磁铁，一根钢针，一小块泡沫你也可以制作一个简

单的指南针。用磁铁沿着钢针按一个方向从针尾到针头摩擦几

次，然后把被磁化的针插入泡沫，放进装满水的杯子中。一个指

南针就大功告成了。下面就自己测测它指示的方向是否准确吧。

NO. 44

音调高低的奥秘

一杯水可以演奏出不同的音调，动手试试吧。

① 准备3个相同的大可乐瓶和3个相同的玻璃杯。

② 在大可乐瓶中装入不同水位的水，然后按水位由低到高向瓶中吹气，这时会听到瓶子发出低、中、高的声音。

③ 往3个杯子中装入不同水位的水，按水位由低到高的顺序用筷子敲击杯壁，这时却会依次发出高、中、低的声音。

吹气时发出的声音，是由水面上方的空气产生共鸣所致。当瓶中的空气所占空间较大时，会产生低音共鸣；空气所占空间较小时，会发生高音共鸣。因此，随着水位的增高，可以依次吹出低、中、高的音调。

而用筷子敲打杯子时，是杯子整体振动导致了声音的产生，这种声音会与杯中的空气产生共鸣。当杯中的水较多时，杯子整体的振动变慢，因此音调比较低。相反，杯中的水较少时，音调就会比较高。随着杯中的水逐渐增多，敲击时就依次发出高、中、低的音调。

NO. 45

西红柿电池

用一个西红柿和铁勺、铜钥匙就能点亮灯泡。

① 准备一个西红柿、一把铁勺、一把铜钥匙、一个小灯泡。把西红柿捏软。

② 将勺子和钥匙平行插入西红柿。等待10分钟。

3 把钥匙和勺子露出的部分分别接到小灯泡的侧面和底部，小灯泡竟然亮了！

　　这个实验和人体电池应用的原理一样：在电解液中，只要放入两种不同的金属，就能形成电池。本实验刚好符合以上要求，当两种金属分别与灯泡连接时，电流就传入灯泡的灯丝，点亮灯泡。
　　将西红柿捏软是为了增强电解液的活性，从而形成持续的电流。
　　你甚至可以把几个西红柿串联起来以获得更高的电量。同时，苹果、橙子、土豆、柠檬等也可以代替西红柿充当电解液。

大发明家
爱迪生的故事

爱迪生小时候就热爱科学，凡事都爱寻根追底，都要动手试一试。

有一次，他看到母鸡在孵蛋，就好奇地问妈妈："母鸡为什么卧在蛋上不动呢？是不是生病了？"妈妈告诉他，这是在孵小鸡，过一些日子，蛋壳里就会钻出鸡宝宝来。

听了妈妈的话，爱迪生感到新奇极了。他想，母鸡卧在鸡蛋上就能孵出小鸡来，鸡蛋是怎样变成小鸡的呢？人卧在上边行不行？他决定试一试。

爱迪生从家里拿来几个鸡蛋，在邻居家找了个僻静的地方，他先搭好一个窝，在下边铺上柔软的茅草，再把鸡蛋摆好，然后就蹲坐在上边，他要亲眼看一看鸡蛋是怎样孵成小鸡的。

天快黑下来了，还不见爱迪生回家，家里的人都非常着急，于是到处去找他。找来找去，才在邻居的后院找到了爱迪生。只见他坐在一个草窝上一动也不动，身上、头上沾有不少草叶。家里人见了，又生气又好笑，妈妈告诉他："人的体温没有鸡的体温高，你这样孵是孵不出来的。"爱迪生虽然没有孵出鸡来，但是通过这次孵蛋活动增长了知识。

爱迪生爱动脑筋的习惯让他日后成为了一名伟大的发明家，他并没有为自己的成功而沾沾自喜，而是更加勤奋地思考，毫不浪费一秒钟的宝贵时光。

一天，爱迪生在实验室里工作，他递给助手一个没上灯口的空玻璃灯泡，说："你量量灯泡的容量。"他又低头工作了。

过了好半天，他问："容量多少？"他没

听见回答，转头看见助手拿着软尺在测量灯泡的周长、斜度，并拿了测得的数字伏在桌上计算。他说："时间，时间，怎么费那么多的时间呢？"爱迪生走过来，拿起那个空灯泡，向里面斟满了水，交给助手，说："把灯泡里面的水倒在量杯里，马上告诉我它的容量。"

助手立刻读出了数字。

爱迪生说："这是多么容易的测量方法啊，它又准确，又节省时间，你怎么想不到呢？这样去硬算，那岂不是白白地浪费时间吗？"

CHAPTER 3

奇趣化学

孙悟空拔一根汗毛能变出
各种各样的东西帮助他排忧解难，
这是物理变化还是化学变化呢？
哈哈，这个不在我们考虑的范围内。
还是让我们自己施展一下魔术，
变化一下身边的物件吧。

Uzumaki Naruto

淘乐斯变身公仔

NO. 46

往一瓶刚打开的汽水中放入一勺小苏打粉末，你将会看到一个微型的火山。

① 准备一瓶瓶装汽水，将瓶盖打开。（碳酸类饮料均可）

② 往瓶中倒入一勺苏打粉。

❸ 瓶中一开始只会冒出一点点气泡，随后，就会出现"火山爆发"的奇观。

注意 放入苏打粉后请不要把汽水瓶扣上以免发生意外。

原来如此！

小苏打中含有大量碳酸氢钠。碳酸氢钠溶于水时，会产生大量二氧化碳。而汽水等碳酸饮料中，本来就含有二氧化碳。汽水中的二氧化碳和碳酸氢钠溶解产生的二氧化碳一起冒出，就出现了类似火山爆发的景象。

做这个小实验时，记得在瓶子下面垫一个托盘，不然可乐溅得到处都是，会把桌面弄得黏兮兮的哦。

化学变化与物理变化

　　我们会遇到各种各样的现象：踢球时打碎了玻璃，江河湖海中的水蒸发后变成水蒸气，水蒸气又变成雨雪冰雹回到大地；从矿山中开采出的铁矿石经过冶炼变成铁锭，石灰石煅烧制得生石灰，煤、石油和天然气燃烧等。这里有化学变化也有物理变化。

　　化学变化是一种或多种物质变成化学性质与原来不同的新物质的过程。如铁的冶炼、石灰石煅烧和天然气燃烧等都属于化学变化。变化前的原物质称为反应物，变化后产生的新物质称为生成物。

　　物理变化是没有新物质生成的变化。物理变化的实质是：保持物质化学性质的最

小粒子本身不变，只是粒子之间的间隔运动发生了变化，没有生成新的物质。由于变化过程中没有新物质的产生和旧物质的消亡，水蒸气、水、冰的三种状态变化和玻璃的破碎都属于物理变化。

化学变化过程中，原子间的结合方式和结合能有所变化。

水的三种状态（水、冰、水蒸气）变化属于物理变化

化学变化的过程就是反应物化学键的断裂和生成物化学键的形成过程，伴随着化学变化过程的热效应，来源于化学键改组时能量的变化。例如，氢气和氧气反应生成水，生成物水与反应物氢气、氧气或二者的混合物的化学性质不相同。物质不需发生化学变化表现出来的性质，如颜色、状态、气味、熔沸点、硬度、密度等，叫做物理性质。物质在化学变

化中表现出来的性质叫做

化学性质，如氧化性、还原性、酸碱性、

可燃性等。

下面的现象属于物理变化还是化学变化？为什么？

1. 潮湿的衣服经太阳晒，变干了。（物理变化，属于蒸发现象）

2. 铜在潮湿的空气里生成铜绿。（化学变化，铜与空气中的氧气，水发生氧化反应）

3. 纸张燃烧。（化学变化，纸张在氧气中燃烧，消耗氧气生成二氧化碳）

4. 瓷碗破碎。（物理变化）

5. 铁生锈。（化学变化，铁与空气中的水，氧气，发生氧化反应）

6. 石蜡融化。（物理变化，固体变液体）

7. 寒冷的冬天在玻璃窗前呼吸，玻璃上出现一层水雾。（物理变化，水蒸气液化现象）

8. 下雪天把一团雪放在温暖的房间里，雪融化。（物理，固体变液体）

NO. 47

变胖的鸡蛋

只要把鸡蛋放在醋中浸泡3天，蛋壳就会变软，体积也会胀大，并逐渐悬浮于水中。

❶ 把鸡蛋放进一个较大的杯子中，加醋，使之漫过鸡蛋表面。

❷ 鸡蛋会不断地冒出小泡泡，体积也会慢慢地变大。请放置2~3天，要耐得住性子哦。

3 3天后，你会发现鸡蛋硬硬的壳不见了，只剩下一层软软的半透明薄膜，原本沉在杯底的鸡蛋现在则悬浮在杯中，鸡蛋体积也比之前变大了许多。

蛋壳的主要成分是碳酸钙，在醋酸的作用下，产生醋酸钙与二氧化碳，后者便是溶液中不断冒出的气泡的来源。

鸡蛋的体积变大到原来的1.5倍是由渗透压造成的。当薄膜两边物质的浓度不相等时，就会产生渗透压，浓度较低那边物质里的水就会透过薄膜，渗入另一边，以使薄膜两边物质的浓度相等。蛋壳变薄之后，在渗透压的影响下，醋中的水分就透过蛋壳溶解后形成的半透明薄膜，进入鸡蛋，把鸡蛋撑大。

NO.48

气球串

通常气球很容易被尖的竹签扎破，但你却可以让竹签穿过气球，像烤肉串一样把气球串起来。

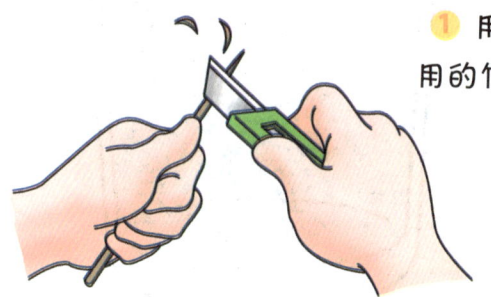

① 用手工刀把烤肉串用的竹签削尖。

② 把气球吹起来，让竹签对准与气球吹气口相反的一端（也就是比较不透明、颜色较深的地方），小心用力，慢慢地穿过去。气球不会被扎破。你还可以像图中那样，把整个气球都串在竹签上。

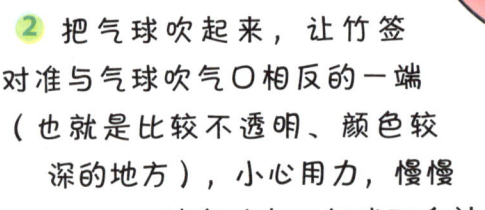

原来如此！

请仔细观察吹好的气球，吹气口和气球顶端是两个比较特别的地方。用尖竹签穿过气球顶端和吹气口，气球是不会破的，因为竹签穿过时摩擦所产生的热会让分子彼此牵引而收缩，这时空气不会漏出去。

NO. 49

制作食盐晶体

很多人可能都对晶体没什么概念，看到盐水蒸发后留下的四方形晶体时，相信你一定会很惊讶。

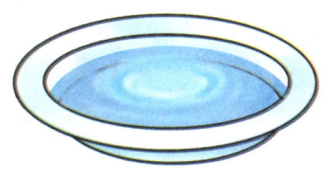

① 准备一杯水，加入食盐，直到食盐无法继续溶解。这样就做成一杯饱和食盐水。

② 将饱和食盐水倒入一个浅盘，放置一星期左右。（做这个实验需要耐心。）

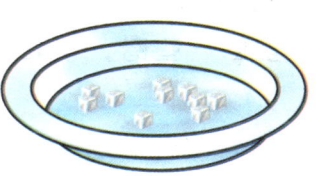

③ 几天之后，盐水逐渐蒸发，盘子里就会析出四方形的食盐晶体。这些晶体没有经过任何切割，却都有着完美的直角，真是不可思议。

原来如此！

水会蒸发，但溶于水的食盐无法全部跟着水被蒸发到空气中，于是就形成了晶体。构成食盐（氯化钠）晶体的是由氯原子和纳原子排列而成的一种"面心立方晶格"构造，这种晶体构造有着完美的直角。

NO.50

本来黑乎乎的5角硬币一下子就变亮了！相信你看到一定会乐得手舞足蹈。

① 找一枚旧的黑乎乎的5角硬币，往盘子里倒一些醋，使之淹没。

② 稍等片刻，将5角硬币取出来，用面巾纸擦干净，5角硬币马上变得金灿灿的。

　　5角硬币之所以会发黑，是因为硬币表面的镀铜在空气中被氧化，形成了黑色的氧化铜。醋所含的醋酸和氨基酸，可以与氧化铜发生反应，除去氧化铜，5角硬币就变亮了。

NO. 51

燃烧的冰糖

冰糖是烧不着的，大家应该都知道，但是在上面撒上烟灰后它却被点燃了。

① 把冰糖和烟灰分别放到金属小盘上，用火柴直接点燃它们，发现两者都不会燃烧。

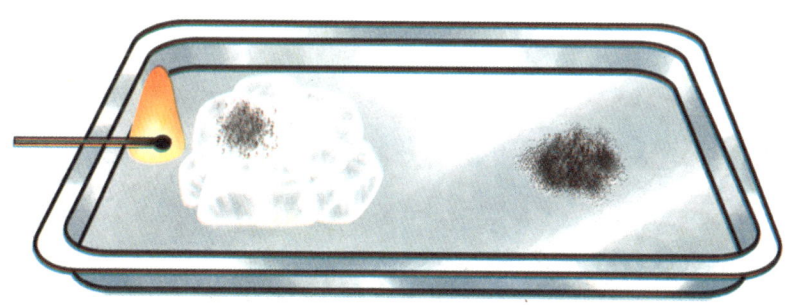

② 将冰糖的一角放上少许烟灰，再用火柴去点冰糖。

3 这次冰糖燃烧了起来，直到最后完全融化。

注意 请在实验完成后观察一下烟灰的数量和颜色，同时注意安全，让实验台远离易燃易爆物品。

原来如此！

　　香烟灰无法单独燃烧，可它与冰糖放在一起却能燃烧，这并不是烟灰中有什么未燃尽部分发生二次燃烧。你可以发现烟灰的数量、颜色都没有丝毫变化，燃烧的只是冰糖。

　　糖是由碳氢氧所组成的，在一般情况下它不易燃烧。但撒上烟灰之后，烟灰可以促使糖发生化学变化，从而引发冰糖燃烧，自己并不燃烧。像这种可以引发化学反应，本身却不发生变化的物质，我们称它为催化剂。

催化剂

　　催化剂会诱导化学反应发生改变，而使化学反应变快或减慢或者在较低的温度环境下进行化学反应。催化剂在工业上也称为触媒。

　　催化剂自身的组成、化学性质和质量在反应前后不发生变化；它和反应体系的关系就像锁与钥匙的关系一样，具有高度的选择性（或专一性）。一种催化剂并非对所有的化学反应都有催化作用，例如二氧化锰在氯酸钾受热分解中起催化作用，加快化学反应速率，但对其他的化学反应就不一定有催化作用。某些化学反应并非只有唯一的催化剂，例如氯酸钾受热分解中能起催化作用的还有氧化镁、氧化铁和氧化铜等等。

在化工生产、科学家实验和生命活动中，催化剂都大显身手。例如，硫酸生产中要用五氧化二钒作催化剂。由氮气跟氢气合成氨气，需要用铁作催化剂，提高反应速率。在炼油厂，催化剂更是少不了，选用不同的催化剂，就可以得到不同品质的汽油、煤油。汽车尾气中含有害的一氧化碳和一氧化氮，利用铂等金属作催化剂可以迅速将二者转化为无害的二氧化碳和氮气。酶是植物、动物和微生物产生的具有催化能力的蛋白质，生物体的化学反应几乎都在酶的催化作用下进行，酿造业、制药业等都要用催化剂催化。催化剂对化学反应速率的影响非常大，有的催化剂可以使化学反应速率加快到几百万倍以上。

CHAPTER 4

折磨折磨自己

经过上面各章的实验,
你是不是把家里给弄得一团糟了?
那么,做做小实验折磨一下自己吧。
你可以尝尝"电"的味道,
测测自己的视觉盲点,
看看自己的左右协调能力……
好,现在就拿自己开涮!

McDonald's

淘乐斯变身公仔

NO. 52

人体电池

把金属勺子和铝箔纸同时放到舌头上，随后让握着两者的双手接触，就会产生一种苦苦的味道。

① 两手分别握住金属勺子和铝箔纸（香烟烟盒的内衬、糖果巧克力外的包装纸均为铝箔纸），放在舌头上，这时不会有什么特别的味道。

② 接下来，让两只手相互接触，这时舌头上会有一种苦苦的味道。

原来如此！

在电解液中，只要放入两种不同的金属，就能做成电池。唾液也是一种电解液，金属勺子和铝箔纸则是两种金属。把它们含在嘴里，就组成了电池。再让手握的两端一接触，就相当于接通了电流，舌头上的味蕾受到电流的刺激，就会感觉出苦味。

NO. 53

手臂变短

双臂向前伸，然后单手做激烈的屈伸运动，你会发现手臂突然短了好几厘米。

❶ 让孩子把双手水平前伸，两条手臂的长度是一样的。

❷ 让孩子保持一手水平前伸，另一手做30次左右的手臂屈伸运动，注意手臂要保持水平，动作幅度略为激烈。

❸ 双臂回到前伸的状态，孩子会发现，做过运动的那只手臂突然短了好几厘米。

原来如此！

人体的关节部位或多或少都有一些空隙。手臂是由肌肉和韧带来连接的，进行了激烈的屈伸运动之后，肌肉和韧带会产生暂时性的收缩，关节处的空隙也会暂时缩小，所以手臂就变短了。不过别担心，过一会儿，手臂就会恢复到原来的长度了。

NO. 54

脊椎变长

向前弯腰时，有的孩子身体僵硬，很难用手碰到地板。这时只要让孩子一边吸气一边练习，就能成功。

① 让孩子双脚并拢，膝盖伸直，身体向前倾，双手和头部朝地板下压。

② 如果孩子可以轻易地用手触到地板，这个游戏就可以停止了。假如孩子双手离地还有20厘米左右，就让孩子一边弯腰，一边大口吸气、呼气，一次、两次、三次⋯⋯

3 不可思议的事发生了，随着孩子一次次呼气，他的手也离地板越来越近，慢慢地就接触到了地板。

原来如此！

呼气运动可以放松身体的肌肉和韧带，提高身体的柔韧度，此时再慢慢前倾，就可以碰触到地板了。

NO. 55

夹不住的纸片

眼看着纸片一次次从小伙伴的手中滑落，"我"的脸上浮现出了得意的神情。

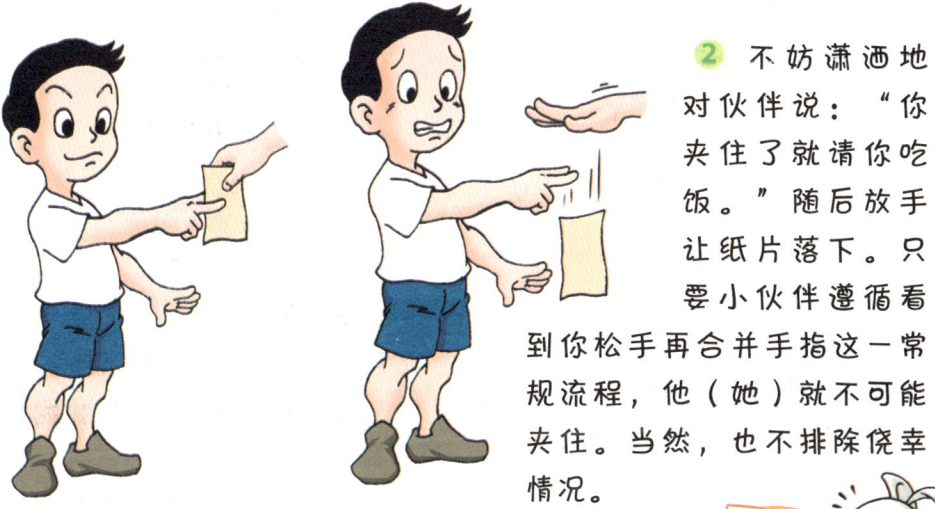

❷ 不妨潇洒地对伙伴说："你夹住了就请你吃饭。"随后放手让纸片落下。只要小伙伴遵循看到你松手再合并手指这一常规流程，他（她）就不可能夹住。当然，也不排除侥幸情况。

❶ 把钞票大小的纸片放在小伙伴张开的食指和中指之间。

原来如此

通过眼睛看，再由大脑作出判断，最后下达命令让手指去夹的这段时间，称为反应时间。人类的反应时间平均约为0.2秒。而在0.2秒内，自由落体下降的距离约为20厘米。因此，当长度不到16厘米的钞票尺寸的纸片下落时，从眼睛看见到用手指去夹，纸片的上端早就掉到13厘米以下了，所以绝不可能夹到。

同理，幼儿和老年人之所以比较容易发生交通意外，就是因为他们从发现危险到做出避开反应的时间通常会比较长；而优秀运动员的反应时间一般都在0.15秒以内。

NO. 56

掉不下来的硬币

手指好像被粘住了一样，动弹不得。

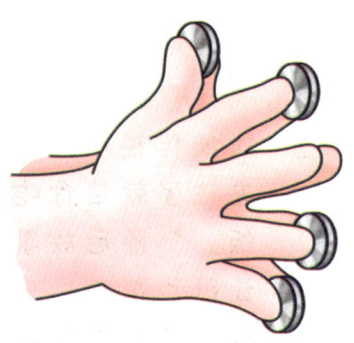

① 让孩子双手合十，手指张开，在他中指以外的其他4根手指之间各夹一枚1元硬币。

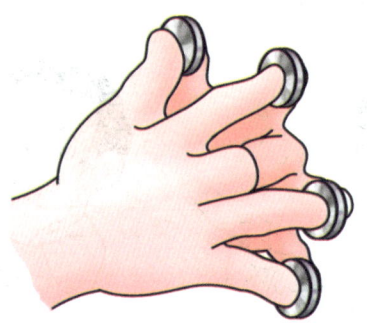

② 让孩子夹紧手指，以防硬币掉落，然后让他向内侧弯曲两手的中指，使两根中指的第2个关节并拢。

③ 这时，让孩子依次放开夹在大拇指、小指、食指和无名指之间的硬币。只要中指的第2个关节不松开，他就无法放松两根无名指，那枚硬币也绝对掉不下来。

原来如此！

人体中连接骨骼的是韧带和肌肉，我们称之为"连接组织"。无名指和中指之间的连接组织作用特别强，当中指向下弯曲并被固定时，无名指就无法动弹，也就无法放开硬币了。

NO. 57

抬不起来的左脚

孩子无法抬起自己的左脚，一定会很不耐烦地大声问："为什么？"

① 让孩子右腿紧贴墙壁站立。

② 保持这种姿势，然后让他抬起左脚，孩子却怎么也抬不起来。

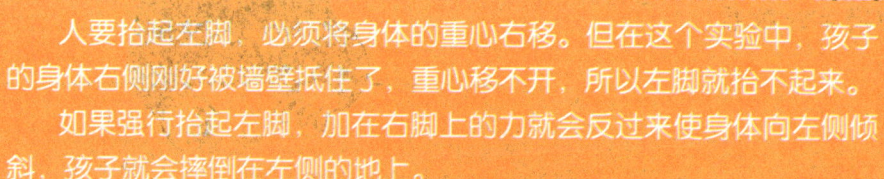

人要抬起左脚，必须将身体的重心右移。但在这个实验中，孩子的身体右侧刚好被墙壁抵住了，重心移不开，所以左脚就抬不起来。

如果强行抬起左脚，加在右脚上的力就会反过来使身体向左侧倾斜，孩子就会摔倒在左侧的地上。

NO. 58

换手做做看

NO.57

左右手分别做不同的动作很容易，可要突然"换手做做看"却有困难。

① 让你的同学右手握拳敲桌子，左手手掌摩擦桌面。

② "来，把左手和右手的动作互换一下。"让他换手做做看。

③ 听到要求换动作的指令时，大部分人的两只手都会同时敲桌子或摩擦桌子。

我们的左右手习惯于做相同的动作。当你的右手敲着桌子、左手摩擦着桌子时，突然要你换动作，你会不知所措，结果往往变成双手同时敲桌子或者同时摩擦桌子。但只要练习多次，就可以顺利地换手做了。

NO. 59

烫还是冷

同样的一盆水，两个手放进去却有不同的感觉。

① 准备一盆热水、一盆温水、一盆冰水。

② 将右手放入热水中，将左手放入冷水中。

③ 将两只手放入温水中，这时你的感受是什么？

人体表面的神经末梢对外界刺激的感受都是相对的。当把左手放入温水时，左手会觉得水是冷的，同理右手则会觉得水是热的。这正是因为两个手之前所受到的温度刺激不同。同样的，有时我们会提很重的东西，这时再换一个较轻的东西提在手里，反倒会感到轻松很多。

NO. 60

瓶中的气球

把一个气球吹起来是一件很简单的事，如果把气球套在一个玻璃瓶口，你还能吹起它吗？

1 将一只气球塞进空瓶，并把气球绷在瓶口上。

2 用力往气球中吹气，却发现怎么也不能把气球吹起来。

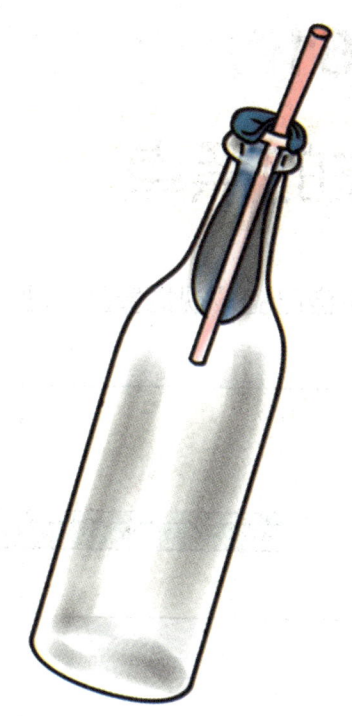

③ 把气球从瓶口移开一点，然后把一根吸管插入瓶口，这时气球就可以被吹起来了。

注意 尽量选择较为坚硬的吸管，以防气球膨胀把吸管中的空隙堵住。

当气球把瓶口密封住时，瓶内形成一个密闭的空间，气球若想膨胀就必须排出相同体积的空气，所以就无法被吹起来。当插入吸管后，空气就会从管中跑出，为膨胀的气球空出位置，也就可以吹起来了。

NO. 61

消失的黑点

测试一下自己的"视觉盲区"吧。

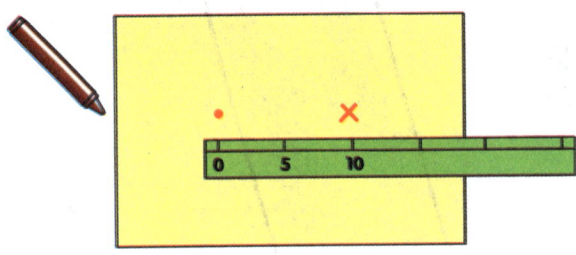

① 在纸上右侧画一个
十字，随后在与它齐平
的左侧10厘米处画一个
黑点。

② 闭上右眼，让左眼能看到
十字，随后向左移动纸片，当
移动25～35厘米后，会发现黑
点消失了。

原来
如此！

　　我们的每个眼球都有看不见的地方，这个地方视觉细胞和视觉神
经合为一体，被称为"视觉盲区"。同样的，右眼也有它的视觉盲
区，我们可以先闭上左眼，然后用右眼盯住黑点把纸片向右侧移动，
这时消失的就变成了右侧的十字。

CHAPTER

有趣的小发明

各种发明让我们的生活变得
越来越方便快捷，
你是否羡慕这些发明家的聪明才智？
其实，发明最需要的是一对敏锐的慧眼，
是对发明创造的执著热情，
就让本章的小发明点燃
你的创造灵感吧。

Kobe Bryant

淘乐斯变身公仔

NO. 62

自动调水杯

你可以为自己做一个可以自动调节水位的水杯，只要倒入杯中的水超过了预定的水位，水就会自己流出来。

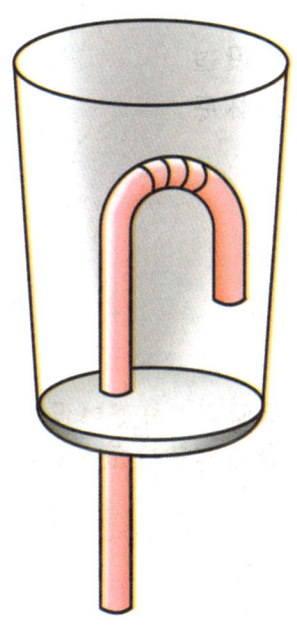

❶ 在纸杯下方打个洞，插入一根可弯曲的吸管，把它做成倒U形。

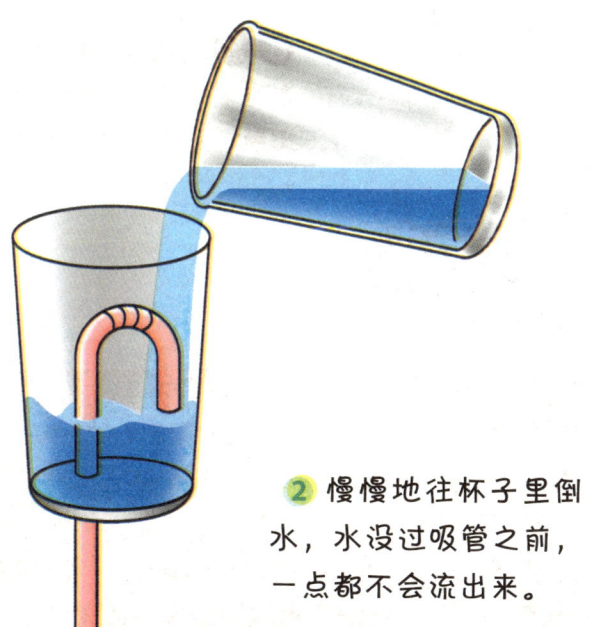

❷ 慢慢地往杯子里倒水，水没过吸管之前，一点都不会流出来。

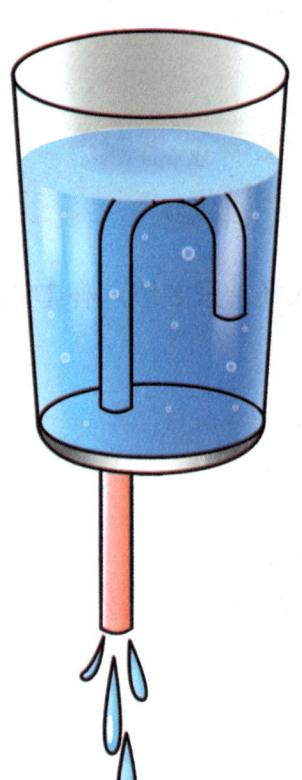

③ 继续加水，当水没过吸管时，就会从穿出杯底的吸管中流出来。

注意 做实验时一定要保证吸管穿过杯底时没有留下缝隙。在加水过程中，请在杯子下面放上托盘，防止水溅得到处都是。

由于水的压力，当吸管刚好完全泡在水里时，水会流进倒U形吸管较短的那截，并与杯里的水位持平，这时不会有水流出来。如果继续注入水，压力增大，吸管里的水就会越过弯曲的部分而流出去。水流出来后，由于虹吸现象，大气压力会继续往外推挤剩下的水，直到杯里的水位降到较短那截吸管口之下停止。

NO. 63

奇妙的锁链

一个扭成8字形的纸圈，把中间一分为二之后再一分为二，就可以做成一条两环交扣的锁链了。

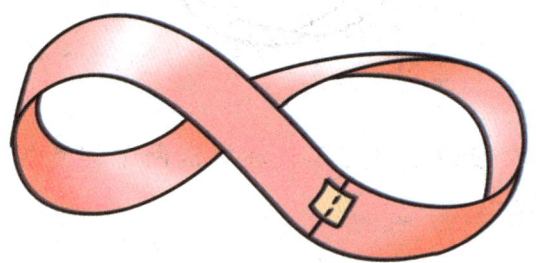

❶ 把纸张裁成长条状，拧一下，用胶带固定，做成如图这样的8字形圈圈。

❷ 沿着圆圈从中间一分为二，把原本8字形的圈圈变成个大圆圈。

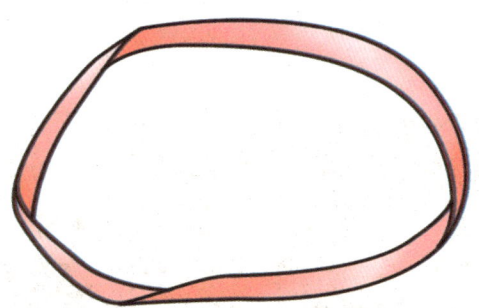

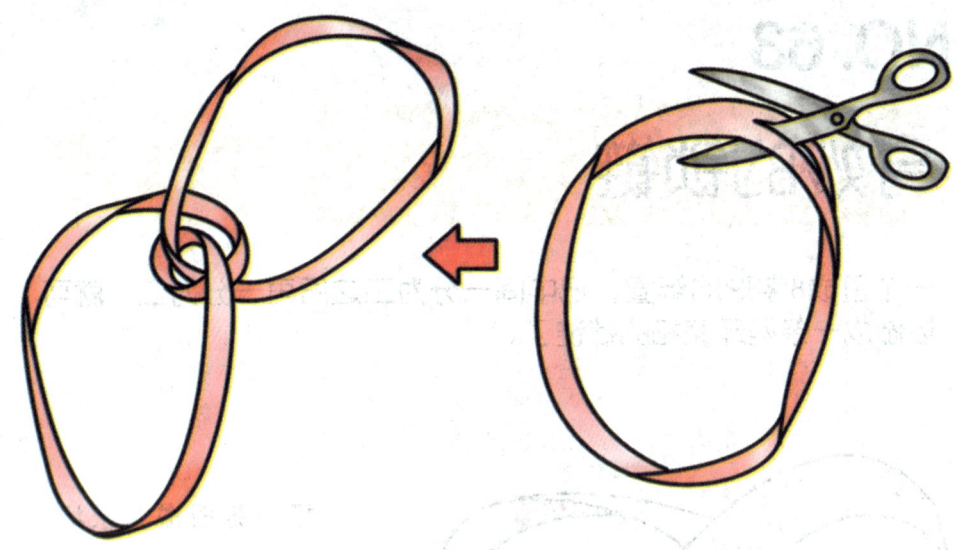

❸ 再沿着大圆圈一分为二，就变成两个圆圈相连的锁链了。

想一想 如果在纸条中间画上两条线，然后再剪开，最终会是什么样呢？拿起你的笔和剪刀，动手试试吧。

原来如此！

这个游戏运用了立体几何学上的原理。

8字形的圈圈是很奇特的立体结构，因为它没有所谓的正反面，从起点开剪再回到起点结束，自然就会变成比原来的8字形圈圈大一倍的圆圈。再把这个圆圈一分为二，就做成两环交扣的锁链了。

神奇的麦比乌斯圈

　　数学上流传着这样一个故事：有人曾提出，先用一张长方形的纸条，首尾相粘，做成一个纸圈，然后只允许用一种颜色，在纸圈上的一面涂抹，最后把整个纸圈全部抹成一种颜色，不留下任何空白。这个纸圈应该怎样粘？如果是纸条的首尾相粘做成的纸圈有两个面，势必要涂完一个面再重新涂另一个面，不符合涂抹的要求，能不能做成只有一个面、一条封闭曲线做边界的纸圈儿呢？

　　对于这样一个看来十分简单的问题，数百年间，曾有许多科学家进行了认真研究，结果都没有成功。后来，德国的数学家麦比乌斯对此发生了浓厚兴趣，他长时间专心思索、试验，也毫无结果。

　　有一天，他被这个问

题弄得头昏脑胀了，便到野外去散步。新鲜的空气，清凉的风，使他顿时感到轻松舒适，但他头脑里仍然只有那个尚未找到的圈儿。

一片片肥大的玉米叶子，在他眼里变成了"绿色的纸条儿"，他不由自主地蹲下去，摆弄着、观察着。叶子弯曲着耷拉下来，有许多扭成半圆形的，他随便撕下一片，顺着叶子自然扭的方向对接成一个圆圈儿，他惊喜地发现，这"绿色的圆圈儿"就是他梦寐以求的那种圈圈。

麦比乌斯回到办公室，裁出纸条，把纸的一端扭转180°，再将一端的正面和背面粘在一起，这样就做成了只有一个面的纸圈儿。

圆圈做成后，麦比乌斯捉了一只小甲虫，放在上面让它爬。结果，小甲虫不翻越任何边界就爬遍了圆圈儿的所有部分。麦比乌斯激动地说："公正的小甲虫，你无可辩驳地证明了这个圈儿只有一个面。"麦比乌斯圈就这样被发现了。用奇妙的麦比乌斯带做几个简单的实验，就会发现"麦比乌斯圈"有许多让我们惊奇有趣的结果。你弄好一个圈，粘好，绕一圈后可以发现，另一个面的入口被堵住了，原理就是这样啊。

NO. 64

塑料袋热气球

充气后的黑色垃圾袋，在太阳光的照射下，会像气球一样飞上天。

1 用手将黑色的大垃圾袋袋口收拢并抓紧，用吹风机往里吹热风，使袋子膨胀起来。

2 收紧袋口，用胶带固定，用一根长线牢牢地绑住。

3 拿到屋外，黑色的垃圾袋在阳光的照射下，慢慢上升。（最好选择没有风的广场，比较容易成功。）

黑色的垃圾袋很容易吸收太阳光的热，袋里的空气因温度上升而膨胀。袋里的空气膨胀之后密度就变小了，膨胀的袋子因为体积变大，受到的空气浮力就跟着变大，袋子自然就会往上升了。

NO. 65

绳子小魔术

看，我转眼之间就能让绳子变换位置。

① 将两条颜色不同的绳子分别结成圆圈，像图中那样套起来。（要想增加演出效果的话，最好用白色和红色的绳子）

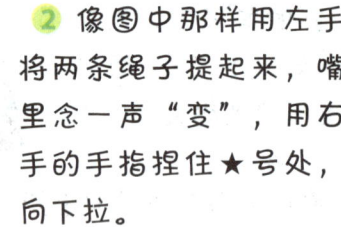

② 像图中那样用左手将两条绳子提起来，嘴里念一声"变"，用右手的手指捏住★号处，向下拉。

原来如此！

　　这个魔术并没有什么特别的技巧。慢慢地拉绳子，注意绳子的变化，你就能发现其中的奥秘。
　　其实，绳子还可以用来变许多有趣的魔术，这只是其中的一个例子而已。

NO. 66

自制小喷泉

用一个可乐瓶和长、短两根吸管，就可以做一个小喷泉哦！

① 准备一长一短两根吸管，在长吸管的一端用橡皮筋套紧，使吸管口变小。

橡皮筋

② 在大可乐瓶中装满水，用浸湿的面巾纸塞住瓶口，再按照图示将两根吸管插入大可乐瓶中并固定，注意要将大可乐瓶瓶口密闭。

③ 拿一个杯子装满水，然后将大可乐瓶倒置，把长吸管插入水杯中。这时，短吸管开始滴水，同时在大可乐瓶中就会出现喷泉。

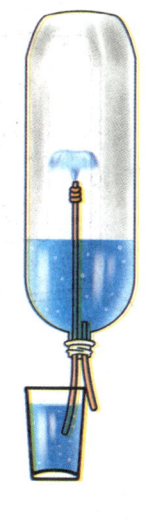

原来如此！

短吸管不断滴水，瓶子里的空间就不断增大，气压随之下降，此时，外面的大气压就会通过长吸管把杯子中的水挤进瓶子里，于是，就出现了我们看到的喷泉。

简易凉风机

将湿毛巾挂在电风扇前，就可以感受凉凉的风迎面吹来，像空调一样。

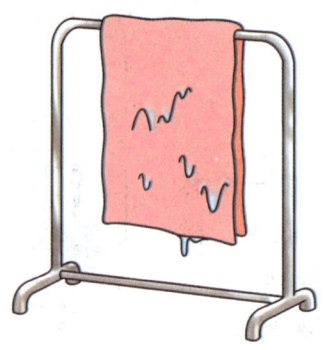

❶ 将湿毛巾挂在毛巾架上，放在电风扇前。

原来如此！

❷ 电风扇吹出的风立刻变得凉凉的。

这个实验利用了水蒸发时的汽化热（在标准大气压下，使1摩尔物质蒸发所需要的热量）。水蒸发时需要吸收周围许多热量。毛巾上的水蒸发时，会从电风扇的风中吸收大量的热量，因此，风就变得凉凉的了。炎炎夏日里，往门口洒点水或傍晚的雷阵雨后我们会感觉比较凉快，就是这个原因。

NO. 68

用牛奶盒做直升机

利用"伯努利原理"做一个简易"直升机"吧。

① 从牛奶盒上剪下两片宽3厘米，长20厘米的纸片，交叠成十字后，用订书机钉住，做成机翼，并在机翼前端缠上胶带。

② 在十字机翼的中心打一个洞，插入一根卫生筷，用透明胶带固定。如图所示将十字机翼靠近交叉点的地方沿纸片的交叠线剪开，稍稍折压机翼使其中央略微向上凸起。

3 用双手合掌夹住卫生筷，迅速搓手心使筷子旋转，放开"直升机"，"直升机"立刻就会飞向空中。（由于有一定的重量，"直升机"可能无法向上飞。所以尽可能在高处放开"直升机"，这样就可以看到它在空中飞行。）

原来如此！

　　"直升机"的机翼中央略微向上凸起，因此旋转时机翼上方的空气流速较快，气压较低（伯努利定理）。机翼下方的大气压力就会给它一个向上的力量，让它浮在空中。传统的竹蜻蜓也是利用这一原理制作的。

NO. 69

自己动手做个小船

动手做一个船模，听起来很酷吧，按照下面的步骤试试看吧。

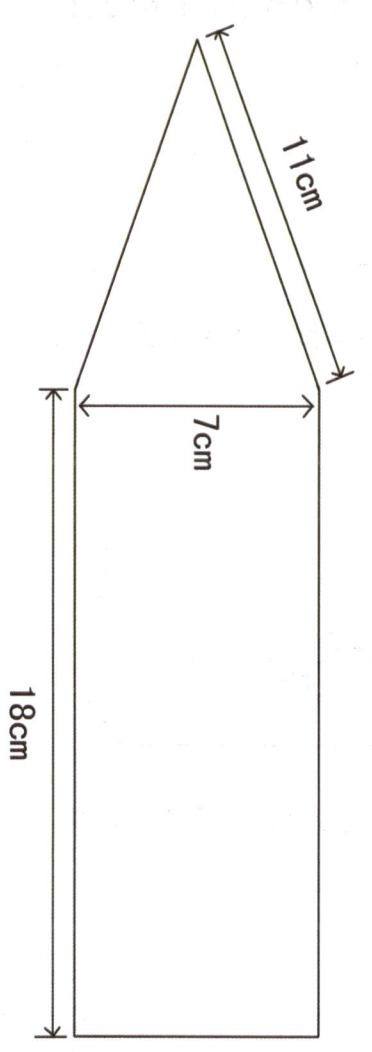

① 取一块长条形泡沫（新买的家电包装中都会有大块的泡沫），按图示规格，将其打磨成船的样式。尺寸大小可以根据选取泡沫的大小来调整。

② 用剪刀把易拉罐的铝皮或者薄铁皮剪成如下形状，在螺旋桨中央钻孔。

螺旋桨　　　笔芯　　　电机

❸ 随后截取一段废弃的圆珠笔芯，使其一头与螺旋桨连接，一头与微型电机（想必大家都玩过四驱车吧，那里面的发动机其实就是一个微型电机，废弃的小风扇里也都有类似的装置，把它们拆卸下来，变废为宝吧）相连。

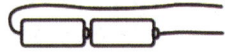

❹ 给电机通电，适当调整叶片倾斜的角度，尽可能的让吹出的风速最大化，要知道这可是你的动力源。

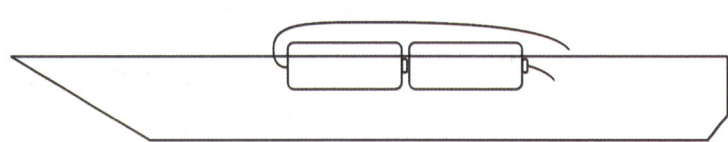

❺ 在船体后部挖槽以放置电池，可以选择两个5号电池串联，或单放一个1号电池。

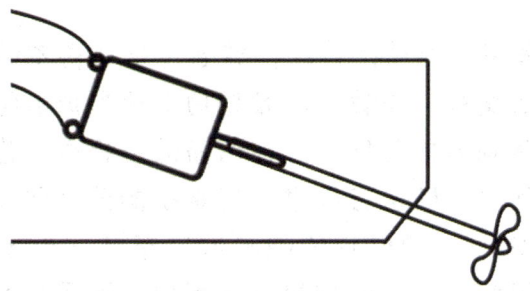

6 用竹签按15°的斜角，在船只尾部打通一个圆洞，随后将笔芯从电机头处取下，从洞中传入后与电机相连。调整电机的位置，使螺旋桨能够自由转动而不与船尾发生摩擦。选好位置后用透明胶带将电机与船体固定。

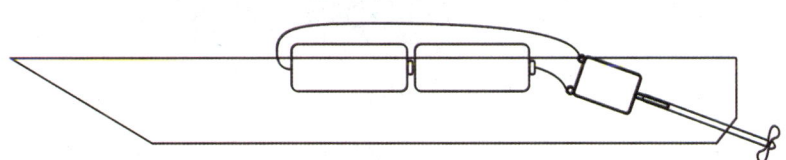

7 好了，小船大功告成了，把它通上电，放入浴盆中试航吧。

牙签 → 　　　　← 铝片

你可能会发现小船总是打转，或者运行轨迹不够直，此时便可以在船尾加装上尾舵。具体方法就是用一块方形的铝皮包裹住一根牙签，再将牙签插入船体尾部。在试航的过程中，你会发现更多的问题，这时，可以不断进行改进来提高小船的"航速"，比如调整螺旋桨叶片的大小、调整船的吃水深度等等。为了改进船体的外观，你也可以用好看的彩纸把船体包裹住，随后在外面缠上透明胶带以防止彩纸沾湿。

动手实验吧，相信你的小船的性能会越来越好。

注意事项：

❶ 泡沫最好采用打磨的方式，这样安全便捷。如果有家长协助，可以选择用刀片把多余的部分划掉，要注意别划到自己的手。

❷ 剪铝皮时让家长协助，可以多做几个大小不同的螺旋桨，从而测试出最优的性能。

❸ 在需要打洞或挖空的部分，务必注意船体的密闭性，防止船体进水。

NO. 70

纸中钻人

相信吗，课本大小的纸剪一个洞，你可以从中间钻过去。

1 把一张A4纸对折一下，然后如下图剪开。

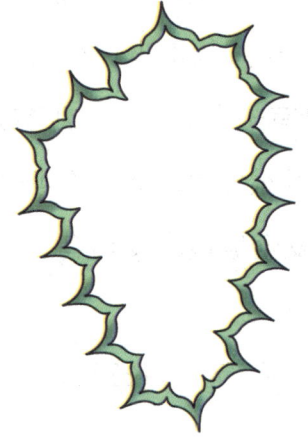

3 将纸条展开，就会形成一个宽大的洞口，你可以从中钻过去。

2 在纸上如图画出13条线段，并按图示剪13次。

将纸张剪开13个口，就相当于形成了一个直径为线段长度26倍的大圆圈，其中的空间足够一个人钻过去了。当然，你可以在纸上多画一些线段，这样剪开的圆洞就更大了。

安全玻璃的诞生

　　一般情况下，每个科学发明诞生的背后都会有一个故事。这些故事也许很有趣，也可能非常不可思议，但是它们都会有一个共同点，那就是如果没有发明家的毅力、细心、勤奋，那么任何发明都不可能诞生。

　　安全玻璃的发明者——法国化学家别涅迪克士正是这样一个有心人。

　　1903年11月21日，别涅迪克士在实验室里打扫卫生。当他用掸子去掸仪器上的灰尘时，一不小心把柜顶上几只瓶子碰了下来。别涅迪克士惊讶地发现，其中有一只瓶子竟然没有摔碎，只是上面布满了相互交错的裂纹。他觉得非常奇怪，拿着那只烧瓶陷入了沉思，想探究这究竟是怎么一回事。

他忽然想起来，这只烧瓶曾经装过硝酸纤维素溶液，现在溶液已经挥发了，只留下了一层薄膜，就好像皮一样紧紧地贴在瓶壁上。

别涅迪克士突然想起了几天前看到的一场车祸：一辆疾驰的小汽车翻进了深沟里，车上的乘客一个被撞死，另外两个被车窗碎玻璃片划成重伤。现场一片血肉模糊，令人惨不忍睹。

想到这里，别涅迪克士问自己：能不能研制出一种不会摔碎的玻璃呢？他决定认真研究一下这个从 3.5 米的高处掉下来却裂而不碎的烧瓶。

经过实验，别涅迪克士确定，瓶子裂而不碎的原因就在于那层柔韧而透明的硝酸纤维素薄膜。于是，他反复进行实验，在两块玻璃之间夹上一层透明的硝酸纤维素薄

膜，让它们经过加热加压后黏合在一起，再做玻璃从高处落下的实验，果然，玻璃没有摔成四处飞溅的碎片，只是出现了许多裂痕。

1922年秋天，第一代安全玻璃诞生了。它广泛地用于汽车玻璃、商店橱窗上。又过了几年，美国康宁玻璃公司实验室又发明了更坚硬的用冷风来淬火的玻璃，即使用铁锤也不能敲碎它，而且即使敲碎了，也不会有锋利的尖角。近年来，随着科学技术的发展，安全玻璃的性能得到了进一步提高，成为可以抗子弹射击的"防弹玻璃"。

图书在版编目（ＣＩＰ）数据

凭什么相信科学／曹外香主编.—天津：天津科学技术

出版社，2012.3（2019.6重印）

ISBN 978-7-5308-6890-4

Ⅰ.①凭… Ⅱ.①曹… Ⅲ.①科学知识-青年读物②科学知识-

少年读物 Ⅳ.①2228.2

中国版本图书馆CIP数据核字（2012）第051072号

凭什么相信科学

PING SHENME XIANGXIN KEXUE

责任编辑：郑　新

出　　版：**天津出版传媒集团**

　　　　　天津科学技术出版社

地　　址：天津市西康路35号

邮　　编：300051

电　　话：（022）23332674

网　　址：www.tjkjcbs.com.cn

发　　行：新华书店经销

印　　刷：三河市燕春印务有限公司

开本 700×1000mm 1/16　　印张 9　　字数 150 000

2019 年 6 月第 1 版第 3 次印刷

定价:29.80 元